掌尚文化

Cultre is Future

尚文化·掌天下

资助单位：

陕西师范大学马克思主义理论研究丛书

中国博士后科学基金资助项目（2020M683424）

中国新型城镇化发展的
多维福利实证研究

Empirical Research on New Urbanization Development's
Multidimensional Welfare in China

赵　娜◎著

经济管理出版社
ECONOMY & MANAGEMENT PUBLISHING HOUSE

图书在版编目（CIP）数据

中国新型城镇化发展的多维福利实证研究／赵娜著. —北京：经济管理出版社，
2021. 8
ISBN 978-7-5096-8235-7

Ⅰ.①中…　Ⅱ.①赵…　Ⅲ.①城市化—研究—中国　Ⅳ.①F299.21

中国版本图书馆 CIP 数据核字（2021）第 175643 号

策划编辑：宋　娜
责任编辑：宋　娜　张鹤溶　张玉珠
责任印制：张馨予
责任校对：张晓燕

出版发行：经济管理出版社
　　　　　（北京市海淀区北蜂窝 8 号中雅大厦 A 座 11 层　100038）
网　　　址：www. E-mp. com. cn
电　　　话：（010）51915602
印　　　刷：唐山昊达印刷有限公司
经　　　销：新华书店
开　　　本：710mm×1000mm /16
印　　　张：14. 75
字　　　数：211 千字
版　　　次：2021 年 9 月第 1 版　　2021 年 9 月第 1 次印刷
书　　　号：ISBN 978-7-5096-8235-7
定　　　价：98. 00 元

内容简介

改革开放 40 多年来，我国城镇化率从 1978 年的 17.92% 上升至 2019 年的 60.6%，城镇化进程得以快速推进。2020 年我国已提前完成 1 亿人落户任务，农业转移人口有序实现市民化。党的十八大以来，以习近平同志为核心的党中央针对城镇化发展中存在的突出矛盾与问题，提出了加快实施新型城镇化战略部署，积极统筹推进"以人为本"的新型城镇化建设。2014 年发布的《国家新型城镇化规划（2014—2020 年）》，明确了新型城镇化的发展路径、主要目标和战略任务，提出了全面提高城镇化发展质量的新要求，标志着具有中国特色的新型城镇化道路的开启。

党的十九届五中全会进一步提出："推动区域协调发展，推进以人为核心的新型城镇化"，"十四五"规划具体布局了新发展阶段新型城镇化发展的方向路径。当前学术界有关城镇化的研究成果较为丰硕，相关文献大多是从发展经济学、区域经济学等视角对城镇化问题展开研究，从福利视角研究新型城镇化问题的相关成果还略显稀薄，而新型城镇化发展的核心要义是"以人为本"的福利提升，本书将新型城镇化发展的多维福利作为探讨的核心内容。

本书按照"提出问题—理论梳理—作用机制—质量测度—实证分析—综合检验—对策建议"的研究框架展开研究。旨在新发展理念的统领下，对新型城镇化发展质量进行综合测度，从多维福利层面展开实证研究。基于国民福利、公平、可行能力的研究视角，构建经济增长、城乡收入差距以及人的发展三个维度的分析框架，深入剖析新型城镇化发展的多维福利。

在理论分析方面，对城市化、城镇化、新型城镇化及福利、福利效应、社会福利函数、多维福利等相关概念进行辨析与界定，从马克思主义政治经

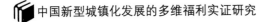

济学、发展经济学、区域经济学三个学科视角对城市化相关经典理论进行系统回顾；回顾古典福利经济学理论、新福利经济学理论、后福利经济学理论及社会福利函数；以新型城镇化与福利理论的交集为切入点，在对以往研究进行评价的基础上展开研究。在作用机理构建上，基于相关理论探寻新型城镇化发展通过哪些关键因素发挥其多维福利效应，架构本书的分析框架。在质量测度与实证检验上，结合新发展理念构建新型城镇化发展质量测度指标体系，并利用2008—2017年的相关数据分别基于国民福利的视角、公平视角、可行能力的视角实证分析新型城镇化发展的多维福利，并进行综合检验。结合各区域特殊区情，探寻能够进一步提升城乡居民福利水平的城镇化发展道路，并提出有效的对策建议。

本书的学术价值主要体现在：一是以五大发展理念为统领测度新型城镇化发展质量，在模型构建和指标选取时着重关注和强调新型城镇化"以人为本"的内涵特征；二是通过探寻新型城镇化与福利经济学的耦合关系，对多维福利的概念进行界定，认为新型城镇化发展的多维福利既包括对国民经济福利总量的影响因素，也涵盖公平程度和人的可行能力的变化；三是从发展经济学与福利经济学学科交叉视角展开研究，丰富和完善了新型城镇化相关研究，有助于客观理解城镇化发展中的优势与短板，探寻新型城镇化更深层次质量提升的路径选择。

中国特色的新型城镇化道路，对当前经济社会发展具有重大意义。囿于个人能力及研究视野的局限，本书对新型城镇化发展的多维福利展开的理论和实证分析，只是学术探索道路上相关研究的冰山一角，在"第二个百年"新征程的历史进程起点上，很多相关问题还有待学者们进一步深化和完善。

摘　要

　　城镇化对经济社会发展具有重要的"发动机"作用，有助于化解经济发展中的瓶颈问题，为促进人的全面发展提供良好的客观环境。传统城镇化发展中"半城镇化"问题突出，损失了部分国民福利，加剧了社会福利分配的不均等，限制了人的自由发展。近年来，城镇化进程的推进逐渐从经济利益主导的数量发展模式转变为以人为本的新型城镇化发展模式，更加注重发展质量的提升和对发展成果的公平共享。新型城镇化作为促进经济持续健康发展的引擎和解决"三农"问题的重要途径，进一步推动了我国城乡整体福利水平的提升。遵循"提出问题—理论梳理—作用机制—质量测度—实证分析—综合检验—对策建议"的研究思路，对我国新型城镇化发展质量进行综合测度，并对其多维福利进行实证分析和检验，探寻影响多维福利发挥的关键因素，提出相应的对策建议。

　　理论研究方面，本书主要工作如下：首先，对城市化、城镇化、新型城镇化进行概念辨析与界定，总结出新型城镇化的内涵：一是以人为本的城镇化，从"物"的城镇化转向"人"的全面发展的城镇化；二是以质量提升为核心的城镇化，从"半城镇化"走向"全面城镇化"；三是城乡统筹、集约高效的城镇化，从城乡分离到城乡一体化发展的城镇化；四是以经济发展、公平共享、福利提升为发展目标的城镇化。其次，对福利、福利效应、社会福利函数及多维福利进行概念界定，认为新型城镇化的发展目标不仅是经济的发展，更是人的福祉的全面提升。再次，构建新型城镇化福利函数，对新型城镇化发展的多维福利进行逻辑推理，认为新型城镇化发展的多维福利主要体现在：促进经济增长所带来的国民收入的提升；缩小城乡收入差距，完善分配关系，促进社会公正；正向影响人的功能和能力，促进人的全面发展。最后，采用数理及理论分析法对新型城镇化发展通过哪些关键性因素影响经济增长、城乡收入差距和人的发展进行分析，厘清新型城镇化发展的多维福利作用机制，在梳理相关理论和文献的基础上，构建本书的理论框架。

实证研究方面，在构建新型城镇化福利函数的基础上，首先以新发展理念为统领，对新型城镇化发展质量进行综合测度，奠定全书实证研究的基点。在此基础上，从多维福利分析层面展开实证研究，基于国民福利、公平、可行能力的研究视角，构建经济增长、城乡收入差距以及人的发展三个维度的分析框架，深入剖析新型城镇化发展的多维福利，把握影响其福利提升的关键因素，并进行综合检验。

从国民福利视角来看，新型城镇化发展是拉动经济增长的强力引擎，通过资本投入、劳动力转移驱动了经济增长，但其通过创新驱动经济增长的作用并不显著。根据古典福利经济学的观点，国民收入总量越大，国民福利就越好，可以得出，新型城镇化发展质量的提升会带来国民福利的增加。

从公平视角来看，新型城镇化发展可以显著地缩小城乡收入差距，劳动力转移、教育投入、固定资产投资增加都有利于城乡收入差距的缩小，政策倾向对城乡收入差距的影响较小。根据庇古在《福利经济学》中提出的国民收入分配越是均等化，社会经济福利就越好的观点，新型城镇化发展质量的提升会缩小城乡收入差距，促进公平，提升福利水平。

从人的发展来看，新型城镇化发展会显著促进人的发展，尤其对弱势群体影响更大。基于阿玛蒂亚·森的可行能力方法分析框架，新型城镇化发展有利于提升人的功能和能力，促进人的发展。

从多维福利的综合检验来看，新型城镇化发展会带来多维福利的提升，既包括对国民福利总量的影响，也涵盖公平程度的变化和对人的可行能力的影响。新型城镇化发展对国民收入的提升、城乡收入差距的缩小和人的发展的促进三个维度的影响均得以验证。

本书主要创新：①探寻新型城镇化与福利经济学的耦合关系，认为新型城镇化发展的多维福利既包括对国民福利的影响，也涵盖公平程度和人的可行能力的变化。新型城镇化发展的多维福利作用机制包括通过促进经济增长提升国民福利、通过缩小城乡收入差距促进公平，通过提升人的可行能力促进人的发展。②在对新型城镇化发展质量进行测度时，着重关注和强调新型城镇化"以人为本"的内涵特征，基于新发展理念和新型城镇化的内涵选取对应指标体系，构建 3 层次 6 维度包含 42 项具体指标的新型城镇化发展质量测度指标体系，并进行综合测度。③构建新型城镇化福利函数，作为本书的基本分析框架。基于国民福利、公平、可行能力的研究视角，对新型城镇化发展的经济增长效应、对城乡收入差距的影响以及对人的发展的影响展开实证分析和综合检验，深入剖析新型城镇化发展的多维福利。

　　关键词：新型城镇化；多维福利；经济增长；收入差距；人的发展

Abstract

Urbanization which helps to resolve bottlenecks in economic development and provides a good objective environment for promoting the all-round development of human beings plays an important "engine" role in economic and social development. In the development of traditional urbanization, the problem of "semi-urbanization" which has lost part of the national welfare, aggravated the unequal distribution of social welfare and restricted the free development of human beings. In recent years, the process of urbanization has gradually changed from a quantitative development model dominated by economic interests to new urbanization development model based on human development, paying more attention to the improvement of development quality and the fair sharing of development achievements. As an engine of sustainable and healthy economic development, new urbanization is an important way to solve the problems of agriculture, countryside and farmers, which further promotes the overall welfare level of urban and rural areas in China. Following the research idea of "Asking Questions-Theoretical Carding-Action Mechanism-Quality Measurement-Empirical Analysis-Comprehensive Test-Countermeasures and Suggestions", we comprehensively measure the development quality of new urbanization in China, make empirical analysis and test on its multi-dimensional welfare, explore the key factors affecting the welfare effect of new urbanization, and put forward corresponding countermeasures and suggestions.

In terms of theoretical research, we have mainly done the following work: First and foremost, we distinguish and define the concepts of urbanization and new urbanization. The connotation of new urbanization is as follows: First, it is people-oriented urbanization, from the urbanization of "material" to the urbanization of "human". Second, it is urbanization with quality improvement as the core, from "semi-urbanization" to "comprehensive urbanization". Third, it is an integrated, intensive and efficient urbanization of urban and rural areas, from the separation of urban and rural areas to the integration of urban and rural development of urbanization. Fourth, it is urbanization with economic development, fair sharing and welfare promotion as its development goal. Then, we define welfare, welfare effect, social welfare function and multi-dimensional welfare, it is believed that the development goal of new urbanization is not only economic development, but also the overall improvement of human well-being. Furthermore, the multi-dimensional welfare of the development of new urbanization is reasoned logically. By constructing the welfare function of new urbanization, we believe that the multi - dimensional welfare of new urbanization is mainly embodied in the promotion of national income brought about by economic growth, the improvement of income distribution relationship which improves social equity brought about by narrowing the income gap between urban and rural areas, and capabilities which promote human development. Finally, we use mathematical and theoretical analysis to analyze the key factors affecting economic growth, urban-rural income gap and human development in the development of new urbanization. Clarify the multi-dimensional welfare mechanism of the development of new urbanization. We construct the theoretical framework of this paper on the basis of combing the relevant theories and literature.

On empirical research, first of all, we comprehensively measure the quality of new urbanization development under the guidance of the New Development Concept, and lay the foundation of empirical research in this paper. On this basis, an empirical study is carried out from the perspective of multi-dimensional welfare analysis. From the perspective of national welfare, equity and Sen's theory of capacity, we construct an analytical framework of three dimensions: economic growth, urban-rural income gap and human development. Then, deeply analyze the multi-dimensional welfare of new urbanization in order to grasp the key factors which affect welfare promotion, and conduct a comprehensive test.

From the perspective of national welfare, new urbanization is a powerful engine to promote economic growth. It drives economic growth through capital input and labor transfer, but its role in driving economic growth through innovation is not significant. According to the view of classical welfare economics, the greater the total national income, the greater the national welfare. It can be concluded that the improvement of the quality of new urbanization development will bring about the increase of national welfare.

From the perspective of equity, the new urbanization can significantly narrow the income gap between urban and rural areas. The increase of labor force transfer, education investment and fixed assets investment are conducive to narrowing the income gap between urban and rural areas. Policy tendencies have less impact on the income gap between urban and rural areas. According to Pigou's view that the more equal the distribution of national income, the greater the social and economic welfare, the improvement of the quality of new urbanization development will narrow the income gap between urban and rural areas, promote equity and improve the welfare level.

From the perspective of human development, the new urbanization will significantly promote human development, especially for the vulnerable groups. Based on Amartya Sen's theory of capacity analysis framework, the new urbanization is conducive to enhancing human functions and capabilities and promoting human development.

From the comprehensive test of multi-dimensional welfare, the development of new urbanization will bring about the improvement of multi-dimensional welfare, which includes not only the impact on the total national welfare, but also the impact of changes in equity and human development. The impact of the new urbanization development on the promotion of national income, the narrowing of urban-rural income gap and the promotion of human development can be verified.

The main innovations of thisresearch are as follows: Firstly, by exploring the coupling relationship between the new urbanization and welfare economics, we believe that the multi-dimensional welfare of new urbanization development not only includes the impact on national welfare, but also the changes of the degree of equity and capability. The multi-dimensional welfare mechanism of new urbanization development includes three dimensions: promoting national income through influencing economic growth, promoting equity by narrowing the income gap between urban and rural areas, and promoting human development by enhancing human capability. Furthermore, as measuring the quality of new urbanization development, we focus on and emphasize the "people-oriented" connotative characteristics. Based on the new concept of development and the connotation of new urbanization, we select the corresponding indicator system and construct new urbanization development quality measurement index system with three levels and six dimensions, including 42 specific indicators. Finally, we construct the welfare function of new urbanization as the basic analysis framework of the study. Based on the research perspective of national welfare, equity and human capability, we conduct empirical analysis and comprehensive test on the economic growth effect of new urbanization, the impact on urban-rural income gap and the impact on human development, and deeply analyze the multi-dimensional welfare of new urbanization development.

Key words: New urbanization; Multi-dimensional welfare; Economic growth; Income gap; Human development

目　录

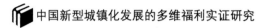

Contents

第一章 新型城镇化发展的多维福利问题概述

党的十九届五中全会提出："优化国土空间布局，推进区域协调发展和新型城镇化。坚持实施区域重大战略、区域协调发展战略、主体功能区战略，健全区域协调发展体制机制，完善新型城镇化战略，构建高质量发展的国土空间布局和支撑体系。要构建国土空间开发保护新格局，推动区域协调发展，推进以人为核心的新型城镇化。"① "十四五"规划围绕"以人为核心"具体展开区域协调发展、治理完善、风险防控、安居保障、公共服务强化、行政区划优化的新型城镇化发展具体方向路径。② 新时代，在新发展理念的引领下，以人为本的新型城镇化发展是否促进了城镇化发展质量的提升、改善了国民福利，是本书要探讨的核心内容。

第一节 新型城镇化发展的时代背景

2014 年发布的《国家新型城镇化规划（2014—2020 年）》明确了新型城镇化的发展路径、主要目标和战略任务，提出了全面提高城镇化质量的新要求，③ 这正是对我国城镇化规律的深刻认识和全面把握，标志着具有中国

---

① 《中国共产党第十九届中央委员会第五次全体会议公报》，人民出版社 2020 年版，第 15 页。
② 《中共中央关于制定国民经济和社会发展第十四个五年规划和二〇三五年远景目标的建议》，人民出版社 2020 年版，第 23 页。
③ 《国家新型城镇化规划（2014—2020 年）》，《人民日报》2014 年 3 月 17 日第 9 版。

特色的新型城镇化道路的开启。诺贝尔经济学奖得主约瑟夫·斯蒂格利茨也曾指出,中国的城市化和以美国为首的新技术革命是影响 21 世纪人类进程的两大关键性因素。① 作为世界上最大的发展中国家,改革开放 40 多年来,我国的城镇化率从 1978 年的 17.92%上升至 2019 年的 60.6%,城镇化进程得以快速推进。然而,随着我国宏观经济背景的不断变化,传统城镇化模式带来的经济、社会问题也层出不穷。

宏观经济背景发生深刻变化,经济新常态下经济发展阶段由高速增长阶段转向高质量发展阶段。当前,国际经济环境错综复杂,深度调整中的世界经济充满变数。一方面,贸易保护主义盛行,外需疲软,依靠出口拉动国内经济增长显得举步维艰;另一方面,国内劳动力低成本优势不再凸显,劳动密集型产品出口逐渐被周边拥有更为廉价劳动力资源的其他发展中国家替代。改革开放 40 多年来,我国经济发展取得了举世瞩目的成就,"增长奇迹"的背后是高成本、低效率的粗放式投资驱动,长期对 GDP 增长的片面追求虽然解决了我国经济总量和数量不足的问题,但也积累了一定风险,经济发展方式亟须转变。经济新常态下,不可持续的高速增长阶段向高质量发展阶段的转变是大势所趋,如何化解这些不利因素走向高质量发展之路,成为学术界关注的焦点。习近平总书记在党的十九大报告中强调:"我国经济已由高速增长阶段转向高质量发展阶段,正处在转变发展方式、优化经济结构、转换增长动力的攻关期,建设现代化经济体系是跨越关口的迫切要求和我国发展的战略目标。"② 城镇化对经济社会发展具有重要的"发动机"作用(Scott, 1996),新型城镇化发展具有拉动内需、提升国民福利水平的重要作用,有助于化解经济发展中的瓶颈问题,为促进人的全面发展提供高质量的客观环境。

城镇化空间分布及规模结构不合理。我国区域间城镇化发展水平差异较

① 人民网:《China to push forward urbanization steadily》,《人民日报(海外版)》2005 年 5 月 12 日,http://en.people.cn/200505/12/eng20050512_184776.html,2021 年 6 月 22 日。
② 习近平:《决胜全面建成小康社会 夺取新时代中国特色社会主义伟大胜利》,《人民日报》2017 年 10 月 28 日第 1 版。

大，空间分布及规模结构不合理。由于城镇化的起点、形成机制等差异，东部、中部、西部、东北地区城镇化水平差异显著。截至 2017 年底，我国城镇化率低于 50% 的省份（自治区）共计 8 个，其中 7 个省份（自治区）属于西部地区，1 个省份属于中部地区，中西部地区城镇化率明显滞后于东部地区。现阶段，东部地区城镇密集，资源环境约束趋紧，中西部地区的城镇化发展潜力仍有待挖掘。一个显著的特征是，我国正从沿海地区高速工业化阶段（Naughton，2007）快速切换到中西部地区高速城镇化阶段。同时，尽管东北三省的城镇化发展起点较高，但近年来发展的速度和质量都趋缓，"名义城镇化率"远远高于"实际城镇化率"，发展质量不佳。除此之外，我国城市群规模结构不尽合理，部分特大城市承载了过多的转移人口，综合承载能力不足；中小城市人口规模和产业集聚能力仍有待提升；小城镇数量众多而规模有限，发展质量不高，尚未发挥有效的集聚效应，服务功能有待完善。

传统城镇化发展模式损失了部分国民福利，以人为本的新型城镇化的福利效应有待考证和检验。传统城镇化发展中"半城镇化"问题突出，2019 年，我国常住人口城镇化率为 60.6%，户籍人口城镇化率却只有 44.38%，[①] 即仍有 16.22% 的转移人口及其随迁家属并未享受城市居民待遇，却被统计为城镇人口，这种典型的"半城镇化"发展模式损失了部分国民福利，加剧了社会福利分配的不均等，限制了人的自由发展。近年来，城镇化进程的推进逐渐从经济利益主导的数量发展模式转变为以人为本的新型城镇化发展模式，更加注重发展质量的提升和对发展成果的公平共享。2020 年是国家新型城镇化规划验收之年，新型城镇化作为促进经济持续健康发展的重要引擎，解决"三农"问题的重要途径，是否进一步推动了城乡居民福利水平的提升，值此之际，对我国新型城镇化发展质量进行综合测度，并对其多维福利进行实证分析和检验，探寻影响新型城镇化发展的多维福利因素，进一步提

---

① 《我国提前完成一亿人口落户目标》，《南方财富网》2020 年 10 月 8 日，http：//www.south moneg.com/redianxinwen/202010/7238438_2.html，2021 年 6 月 22 日。

升城乡居民福利水平，尤为重要。

第二节　逻辑思路、研究方法与主要内容

一、逻辑思路

在对相关文献进行系统化梳理的基础上，根据"提出问题—理论梳理—作用机制—质量测度—实证分析—综合检验—对策建议"的逻辑思路，展开研究。

（1）提出问题。我国区域间城镇化发展差异较大，东部、中部、西部、东北地区城镇化发展差异显著。2014 年发布的《国家新型城镇化规划（2014—2020 年）》提出了全面提高城镇化发展质量的新要求，以人为本的新型城镇化发展是否促进了城镇化发展质量的提升、改善了国民福利，是本书研究的关键问题。

（2）理论梳理。对城市化、城镇化、新型城镇化及福利、福利效应、社会福利函数、多维福利等相关概念进行辨析与界定，从马克思主义政治经济学、发展经济学、区域经济学三个学科视角对城市化相关经典理论进行系统回顾；回顾古典福利经济学理论、新福利经济学理论、后福利经济学理论及社会福利函数；以新型城镇化与福利理论的交集为切入点，在对以往研究进行评价的基础上展开研究。

（3）机理分析。运用相关理论探寻新型城镇化发展通过哪些关键因素发挥其多维福利效应，据此架构本书的分析框架，为本书的核心部分提供夯实的理论依据。

（4）质量测度与实证检验。结合新发展理念构建新型城镇化发展质量测度指标体系，并利用 2008—2017 年的相关数据，基于改进的熵值法，对新型城镇化发展质量进行测度。分别基于国民福利的视角、公平视角、可行能力的视角实证分析新型城镇化发展的多维福利，最后进行综合

检验。

（5）对策建议。在对新型城镇化发展质量进行测度、对其多维福利进行实证研究和检验的基础上，结合各区域特殊区情，提出相应的政策建议。本书研究视角如图1-1所示。

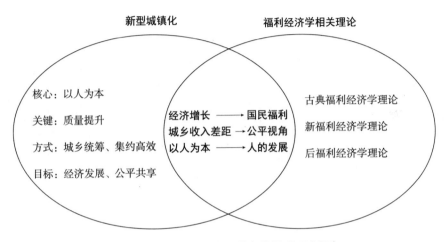

图 1-1　新型城镇化发展的多维福利研究视角

资料来源：由笔者绘制。

二、研究方法

1. 文献研究法

收集国内外理论界有关城市化、城镇化、新型城镇化、福利经济学理论的相关研究，筛选与城镇化和福利效应有关的高质量研究成果。依据现有的相关理论和我国城镇化发展的现状，对相关文献进行二次分析整理及重新归类，选择重点文献资料形成相关文献综述，从而为本书提供强有力的支持和论证。借助《中国统计年鉴》《中国城市统计年鉴》《中国人口年鉴》《中国环境统计年鉴》《中国人口和就业统计年鉴》和 Wind 数据库等相关公开数据和政策文件，将数据归类、编目，为本书的写作提供数据支撑。

2. 比较分析法

研究新型城镇化发展问题应对各区域板块展开对比分析，本书运用比较分析法，对比东部、东北、中部及西部地区的新型城镇化发展差异，对四大板块新型城镇化发展质量异质性进行分析；同时，实证分析四大板块新型城镇化发展对经济增长、城乡收入差距、人的发展的影响，客观理解在新型城镇化发展中四大区域板块的优势与短板，进一步提出对策建议。

3. 定性分析与定量分析相结合

本书将定性分析与定量分析相结合，以期从福利分析层面对新型城镇化发展进行全面、深入的研究。具体地，本书在对新型城镇化发展现状及其福利理论的机理进行阐述和分析时，主要运用定性分析方法和数理分析方法；在对新型城镇化发展质量进行测度与评价时，则运用定性与定量相结合的方法；基于国民福利、公平、可行能力的研究视角，在构建经济增长、城乡收入差距以及人的发展三个维度的分析框架时，主要运用定量分析方法。

4. 规范分析与实证分析

规范分析主要运用：城市化、城镇化、新型城镇化及福利、福利效应、社会福利函数、多维福利相关概念的辨析与界定；从马克思主义政治经济学、发展经济学、区域经济学等学科视角对城市化问题经典理论的梳理；从古典福利经济学理论、新福利经济学理论、后福利经济学理论对福利相关理论进行回顾。实证分析主要运用：构建新型城镇化发展质量指标体系，并结合相关数据进行综合测度；从国民福利视角检验新型城镇化发展的经济增长效应；从公平视角实证分析新型城镇化发展对城乡收入差距的影响；从可行能力视角实证分析新型城镇化发展对人的发展的影响；综合检验新型城镇化发展的多维福利。具体的实证研究方法包括熵值法、固定效应模型、LSDV回归、FGLS回归、差分GMM、分位数回归、验证性因素分析、结构方程模型等方法，并借助Stata、Eviews、Amos等分析软件完成本书的实证分析。将规范分析与实证分析相结合，以期实现理论阐释与实证检验的统一。

三、主要内容

全书共分为九章对新型城镇化发展的多维福利展开理论与实证分析。

第一章，新型城镇化发展的多维福利问题概述。本章从总体上对全书进行宏观把握，起到提纲挈领的作用，主要介绍研究的时代背景、逻辑思路、研究方法、主要内容、研究目标、研究价值以及学术贡献。确定研究对象、思路、方法和内容，绘制技术路线图并构建分析框架，对全书结构进行整体性的说明。

第二章，新型城镇化发展的多维福利相关理论渊源与学术梳理。对相关概念进行辨析与界定；从马克思主义政治经济学、发展经济学、区域经济学三个学科视角对城市化相关经典理论进行系统回顾；回顾古典福利经济学理论、新福利经济学理论、后福利经济学理论、社会福利函数等；梳理国内外相关学术研究；对相关理论与研究进行述评。

第三章，新型城镇化发展的多维福利作用机制。探寻新型城镇化与福利经济学相关理论的耦合关系，采用数理分析或理论分析方法对新型城镇化发展的多维福利的作用机理进行分析。新型城镇化发展的多维福利主要体现在通过对经济增长的影响提升或降低国民收入；通过对城乡收入差距的影响改善或恶化收入分配方式及分配关系；通过对功能和能力的影响促进或阻碍人的发展。

第四章，新型城镇化发展质量指标体系构建及测度。从宏观上系统梳理新型城镇化的发展现状，以经济维度为基础，结合新发展理念，从创新、协调、绿色、开放、共享的维度构建新型城镇化发展质量指标体系，并利用2008—2017年的相关数据，基于改进的熵值法，对新型城镇化发展质量进行综合测度，对我国整体及四大板块新型城镇化发展质量的区域特征进行分析与评价。

第五章，新型城镇化发展的经济增长效应：国民福利视角的实证。古典福利经济学认为国民收入总量越大，社会经济福利就越好，要增加经济福利，在生产方面必须提升国民收入总量。本章采用2008—2017年省际面板数据，实证分析新型城镇化发展的经济增长效应，检验新型城镇化发展能否作为拉动经济增长的新引擎。首先，从时间和区域差异维度分别对我国经济增长的现状进行分析；其次，对新型城镇化发展的经济增长的效应进行实证检验。

第六章，新型城镇化发展对城乡收入差距的影响：公平视角的实证。古典福利经济学认为国民收入分配越是均等化，社会经济福利就越好，要增加经济福利，在分配方面必须降低国民收入分配的不均等程度。新福利经济学强调帕累托改进可以增进社会福利，而城镇化发展就是一个长期的帕累托改进，可能通过缩小城乡收入差距提升社会总福利水平。本章主要从公平视角实证检验新型城镇化发展是否进一步缩小了城乡收入差距，促进了城乡收入均等化。本章利用省际面板数据进行实证检验，同时采用城乡收入比替代城乡收入差距的泰尔指数进行稳定性检验。

第七章，新型城镇化发展对人的发展的影响：可行能力视角的实证。基于阿玛蒂亚·森的可行能力方法分析框架，从功能和能力的拓展出发测度人的发展，实证分析新型城镇化发展对人的发展的影响，并进行验证性检验。

第八章，新型城镇化发展的多维福利：综合检验。考虑到福利概念的主观性、复杂性，基于前文展开的新型城镇化发展对经济增长、城乡收入差距及人的发展影响的实证研究，构建包含以多维福利为潜在变量的 SEM 模型，对新型城镇化发展的多维福利进行综合检验。

第九章，提升新型城镇化发展多维福利的对策建议。本章对全书进行总结，提出提升新型城镇化发展多维福利的对策建议，展望本书课题下一步拓展空间。

根据以上核心内容，本书技术路线如图 1-2 所示。

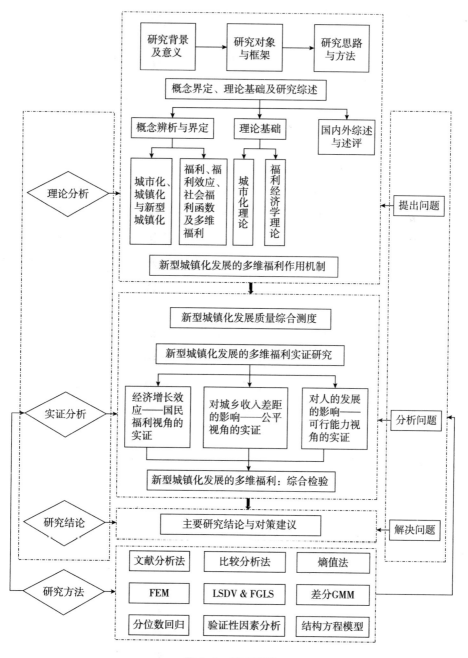

图1-2　技术路线

资料来源：由笔者绘制。

第三节 研究目标、研究价值及学术贡献

一、研究目标

本书以新发展理念为统领，对新型城镇化发展质量进行综合测度，从多维福利层面展开实证研究。基于国民福利、公平、可行能力的研究视角，构建经济增长、城乡收入差距以及人的发展三个维度的分析框架，深入剖析新型城镇化发展的多维福利，主要包含以下子目标：

（1）进行概念界定和理论阐释，厘清城市化、城镇化与新型城镇化，福利、福利效应、社会福利函数、多维福利的基本概念，对古典福利经济学理论、新福利经济学理论、后福利经济学理论、社会福利函数等相关理论进行梳理，并对新型城镇化发展的多维福利展开详尽的机理分析。

（2）分析我国城镇化发展所处的阶段及新型城镇化发展现状和基本特征，结合五大发展理念选取对应的指标体系，对我国新型城镇化发展质量进行综合测度；再从福利分析层面展开实证研究，基于国民福利、公平、可行能力的研究视角，构建经济增长、城乡收入差距以及人的发展三个维度的分析框架，深入剖析新型城镇化发展的多维福利。

（3）对新型城镇化发展的多维福利进行综合检验，并且立足现阶段我国新型城镇化发展的实际情况，把握影响其福利提升的关键因素，探寻能够进一步提升城乡居民福利水平的城镇化发展道路，提出有效的对策建议。

二、研究价值

目前，国内外有关城镇化的研究成果较为丰硕，国内新型城镇化问题的研究也成为热点，现有文献大多是从发展经济学、区域经济学等视角对城镇化问题展开研究，从福利视角研究新型城镇化问题的相关成果还略显稀薄。本书的理论价值与现实价值体现在：

（1）丰富和完善了新型城镇化理论研究。通过深入考察新型城镇化发展对经济增长、城乡收入差距、人的可行能力的影响，具体分析其在国民福利、公平、人的发展方面发挥的作用，综合把握影响其福利效应发挥的关键因素，可以拓展我国特色新型城镇化发展的研究范式，有助于进一步丰富和完善我国新型城镇化理论研究。

（2）有助于客观理解和评价我国新型城镇化发展现状及发展质量，探寻适宜的发展路径。通过分析城镇化现状，构建以新发展理念为基础的新型城镇化发展质量测度指标体系，对新型城镇化发展质量进行客观评价；通过横向对比分析东部、中部、西部、东北地区新型城镇化发展状况并实证分析四大板块新型城镇化发展对经济增长、城乡收入差距、人的发展的影响差异，客观理解新型城镇化发展进程中四大区域板块的优势与短板，探寻新型城镇化更深层次质量提升的路径选择。

（3）从多维福利视角厘清新型城镇化发展的路径，有助于实现"以人为本"的"高质量"新型城镇化。我国东部、中部、西部、东北地区四大区域板块在经济发展水平和城镇化发展质量方面存在较大差异，立足新型城镇化发展质量，实证分析新型城镇化发展的多维福利，探索更有利于提升城乡居民福利水平的发展路径，提出相关的对策建议，为政府制定相关政策措施提供科学有效的决策支持，有助于实现"以人为本"的质量型城镇化发展。

三、学术贡献

本书通过探寻新型城镇化与福利经济学的耦合关系，对多维福利的概念进行界定，认为新型城镇化发展的多维福利既包括对国民经济福利总量的影响因素，也涵盖公平程度和人的可行能力的变化。主要学术贡献如下：

（1）以五大发展理念统领测度新型城镇化发展质量。本书对新型城镇化发展进行测度时，基于新发展理念和新型城镇化的内涵选取对应指标体系，进行综合测度。目前，在新型城镇化发展的测度上，相关研究主要集中于从经济、社会、人口、环境等维度对新型城镇化发展水平进行测度。本书认为新型城镇化是发展质量高于发展速度的城镇化，在充分吸收利用前人研究成果的基础上，加以改进和拓展，在模型构建和指标选取时着重关注和强调新型城镇化"以人为本"的内涵特征，以经济发展为基础，从"创新、协调、绿色、开放、共享"五大发展理念着手选择具有代表性的各项指标，构建了3层次6维度包含42项具体指标的新型城镇化发展质量测度指标体系，进行综合测度。

（2）发展经济学与福利经济学的学科交叉研究。本书构建了新型城镇化的福利函数，作为研究新型城镇化发展的多维福利实证分析的基本框架。目前，鲜有文献和研究从福利分析的视角研究新型城镇化发展问题，缺乏在福利视角下对城镇化发展进行全面深入的研究。本书基于多维福利视角对新型城镇化发展展开实证研究，在构建新型城镇化福利函数的基础上，基于国民福利、公平、可行能力的研究视角展开实证分析，形成经济增长、城乡收入差距以及人的发展三个维度的分析框架，深入剖析新型城镇化发展的多维福利。除此之外，大多学者较为关注经济发达地区的城镇化研究，对新型城镇化发展的各区域差异关注不够，本书在研究中同时对全国和四大区域板块展开实证分析，可以作为一个补充。

当然，福利经济学的内涵有较强的主观性，本书的实证分析主要是在构建新型城镇化福利函数的基础上展开的，福利函数中所选取的国民收入、公平、可行能力三个关键性福利因素，并未严格区分客观福利和主观福利。而福利经济学中狭义的福利仅指经济福利，广义的福利包括经济福利和非经济福利，其理论也在不断地延伸和拓展，具有一定的动态性。本书构建的新型城镇化的福利函数具有一定的针对性和时效性，但并不具备一般社会福利函数的广适性，而且国内外相关研究中从福利维度分析城市化问题的文献较少，可借鉴的研究相对有限，有待后续研究者对本书研究主题进一步进行检验和拓展。

第二章 新型城镇化发展的多维福利相关理论渊源与学术梳理

新型城镇化、多维福利等相关概念，城镇化、福利经济学相关理论渊源是本书的基点，本章为全书提供理论基础。首先，对相关概念进行辨析与界定，通过梳理马克思主义政治经济学城市化理论、发展经济学的城市化理论及区域经济学的城市化理论，探寻城市化发展的内因及本质；其次，通过对福利经济学发展脉络进行分析，探寻与新型城镇化发展内涵相契合的多维福利分析视角，形成本书的分析框架；最后，结合本书主题与方法，对福利经济学中社会福利函数、公平与效率问题进行简要回顾，梳理国内外相关学术研究，为本书的研究方法和视角提供一定借鉴和理论支撑。

第一节 相关概念辨析与界定

一、城市化、城镇化与新型城镇化

1. 城市化与城镇化

城市是社会生产力发展到一定阶段，随着社会分工不断扩大与细化产生的，近现代城市化进程的快速推进始于 18 世纪 60 年代的工业革命，史无前例的技术革新推动了生产力的快速发展，开启了世界范围的工业化及城市化进程。

城市化与城镇化都来源于英文"Urbanization"，是指非农产业向城市聚集，农业人口向城市转移，城市规模、数量不断扩大，城市基础设施、公共服务不断完善，城市生活方式逐步向农村扩散的过程。国内学者对"城市化"和"城镇化"的内涵界定存在一定分歧：有学者认为"Urbanization"应译为"城市化"；还有一些学者则认为"Urbanization"译为"城镇化"更为恰当；另有一种观点认为"Urbanization"既可译为"城市化""都市化"，也可译为"城镇化"。国务院于1955年颁布的《国务院关于设置市、镇建制的决定》对镇的设置标准做出了具体规定，并说明镇是县、自治县所辖的基本行政单位。[1] 1979年，著名学者吴友仁首次提出了我国社会主义城市化问题，并将城市化概念引入我国。辜胜阻（1991）提出我国特定的国情决定了小城镇成为大量农业人口转移的重要流向，"Urbanization"在我国语境下应理解为城镇化。1998年党的十五届三中全会正式使用了"城镇化"这一概念。[2] 2000年，《中共中央关于制定国民经济和社会发展第十个五年计划的建议》也采用了"城镇化"一词。[3]

在我国，数量庞大的建制镇在城市化进程中发挥着重要作用。考虑到西方国家很多城镇的人口规模较小，有的甚至没有"镇"的建制，人口达到一定规模可直接升级为"城市"，而我国是地域广阔的人口大国，政府设有"镇"的建制，城镇规模较大，人口同时向城市和城镇转移，本书认为"城镇化"更能体现中国的工业化道路，较为符合我国所处的社会发展阶段和具体国情。鉴于此，书中涉及国外城市化问题以及原作者的说法时，使用"城市化"一词，论述国内问题时，统一使用"城镇化"的概念。

目前，学术界对于"城镇化"的定义众说纷纭，较为权威的是《国家新型城镇化规划（2014—2020年）》中的表述："城镇化是伴随工业化的发展，非农产业在城镇集聚、农村人口向城镇集中的自然历史过程，是人类社

---

① 中央档案馆与中共中央文献研究室：《中共中央文件选集（1949.10—1966.5）》（第39册），人民出版社2013年版，第103页。

② 《中共中央关于农业和农村工作若干重大问题的决定》，《求是》1998年第21期。

③ 《中共中央关于制定国民经济和社会发展第十个五年计划的建议》，人民出版社2000年版，第4页。

会发展的客观趋势，是国家现代化的重要标志。"①

2. 新型城镇化

改革开放以来，我国城镇化进程快速推进，在城镇规模、要素配置、产业结构、基础设施、公共服务等多个方面得以改善和优化。与此同时，也存在着区域发展水平差异较大，空间分布及规模结构不合理，市民化与城镇化发展不同步，过分依赖土地财政等众多问题。以习近平同志为核心的党中央自党的十八大以来，针对我国城镇化发展的形势、存在的突出矛盾与问题，提出加快城镇化特别是新型城镇化实施步骤，积极统筹推进各地以人为本的新型城镇化建设。国务院发展研究中心和世界银行联合课题组（2014）指出，所谓"新型城镇化"是高效、包容、可持续的城镇化，新型城镇化模式需要政府重新定位，实现更高质量的增长。张许颖和黄匡时（2014）认为，新型城镇化是以人为核心的城镇化，其基本内涵主要体现为城镇化水平和质量的提高。石淑华和吕阳（2015）指出，新型城镇化是不同于其他国家城市化发展模式的中国特色城镇化发展模式，是外生与内生的统一，具有渐进性、多样性、协调性和人本性。邓韬和张明斗（2016）强调，新型城镇化是可持续发展的城镇化，其基本内核主要体现为"四个转变"，即发展方式由高碳经济向低碳经济的转变，城镇建设由面积扩张向民生改善的转变，农村土地由征用补偿向可流转交易的转变，发展模式由人造城镇化向人的城镇化的转变。董晓峰等（2017）指出，新型城镇化是环境友好、宜居生态、社会和谐、知识支撑、具有特色的高质量的城镇化发展之路。高宏伟等（2018）提出，应把政府、市场、社会的力量结合起来，在合理边界上理性地推动新型城镇化稳步健康发展。陈明星等（2019）对我国城镇化发展的进程进行了归纳，提出新型城镇化的理论内涵是人本性、协同性、包容性及可持续性，城镇化从"人口城镇化"向"人的城镇化"转变进程中的关键议题主要包括公共服务均等化、城乡协同发展、资源环境承载与气候变化等6个方面。

国内学者在新型城镇化的内涵研究方面也取得了大量的成果，但大多

① 《国家新型城镇化规划（2014—2020年）》，《人民日报》2014年3月17日第9版。

从自身研究领域和视角出发，分析新型城镇化的内涵特征，相对比较片面，缺乏中国化的理论支撑。本书认为新型城镇化是具有中国特色的城镇化道路，是马克思恩格斯城市化理论与我国城镇化建设实践的有机结合，其本质都是承认城市化最终服务于人的全面发展，最终走向城乡关系的和解，应将马克思主义政治经济中的城市化理论作为我国新型城镇化发展的理论支撑。

《国家新型城镇化规划 2014—2020 年》指出，中国特色新型城镇化道路应坚持以人为本，公平共享；四化同步，统筹城乡；优化布局，集约高效；生态文明，绿色低碳；文化传承，彰显特色；市场主导，政府引导；统筹规划，分类指导的基本原则。① 本书结合国内学者观点、《国家新型城镇化规划（2014—2020 年）》所阐明的新型城镇化道路的基本原则及马克思、恩格斯城市化理论，认为新型城镇化的内涵：一是以人为本的城镇化，从"物"的城镇化转向"人"的全面发展的城镇化；二是以质量提升为核心的城镇化，从"半城镇化"走向"全面城镇化"；三是城乡统筹、集约高效的城镇化，从城乡分离到城乡一体化发展的城镇化；四是以经济发展、公平共享、福利提升为发展目标的城镇化。

二、福利、福利效应、社会福利函数及多维福利

1. 福利

古典福利经济学家庇古将福利定义为人们对享受、满足和效用的心理反应或者主观评价。他认为福利有狭义和广义之分，狭义的福利是指可以客观度量的经济福利，即与社会经济生活相关的，能够用货币量化的福利，可以用国民收入来表示；广义的福利即社会福利是一种主观感受，包含幸福、快乐、主观满足等众多不可直接计量的因素，是全社会居民获得幸福和满足感的总和。其中，古典福利经济学研究的主要目标是可度量的经济福利，一国的经济因素通过影响国民收入对经济福利产生影响，这部分福

---

① 《国家新型城镇化规划（2014—2020 年）》，《人民日报》2014 年 3 月 17 日第 9 版。

利是可以直接或间接地采用货币价值进行度量的。国民福利由国民收入直接反映，国民收入总量的增加就是国民福利的提升；同时，庇古关注了分配的公平性，认为在增加穷人收入的基础上，若没有减少总的国民收入，就是福利的增进。

庇古还提出了福利的两个基本命题，即福利要素是一些意识形态或者说意识形态之间的关系；福利可以置于较大或较小的范畴之下。表明了福利概念的主观性和概念范畴的灵活性，福利既包含物质的占有，也包含不可直接观测的知识、情感、期望等主观部分；福利范畴的可大可小是指福利既可为宏观层面的国民福利，也可为微观层面的个人幸福感等。后福利经济学代表人物阿玛蒂亚·森从可行能力的视角对福利的概念进行了拓展。他认为，随着社会进步，狭义的经济福利无法综合评估福利水平，应从社会道德、政治领域等多个方面考察福利的变化。

本书更认同广义的福利内涵，即由国民收入水平变化引致的国民福利的变化、收入均等化引致的公平结果及能力的提升所带来的人的发展等都属于福利范畴。

2. 福利效应及社会福利函数

福利效应是指由于政策或制度变革引发的一个国家社会福利状况的变化。一般是在福利与影响福利的关键因素间构建模型，来分析社会福利的变化，如构建社会福利函数。社会福利函数，即社会福利和一些影响社会福利的各种因素间存在的函数关系，社会福利函数的具体形式受差异化研究目标的影响。柏格森-萨缪尔森社会福利函数是社会福利函数的一般形式，其函数形式并不固定，偏重于概念化。本书采用的新型城镇化的福利函数就是在柏格森-萨缪尔森社会福利函数的基础上构建的，具体见第三章的作用机制。

3. 多维福利

在《国民财富的性质和原因的研究》和《道德情操论》中，亚当·斯密指出市场可以自动调节个人利益与社会利益的关系，完整的人性包括人在经济上的利己性和在伦理上的利他性。他认为，一是个人利益有利于整体利益。"他受着一只看不见的手的指导，去尽力达到一个并非本意想要达到的目的。也并不因为事非出于本意，就对社会有害。他追求自己的利益，往往使他能比在真正出于本意的情况下更有效地促进社会的利益。"受理性驱使，人们谋求自我利益的实现，是无可厚非的，而且，个人对物质财富的追求，汇合在一起，形成了社会整体财富的增加，提升了整个社会的利益。二是不赞成普遍的社会救济，亚当·斯密认为救济会妨碍社会的正常运行。他反对国家对经济活动的干预，认为充分的市场竞争有利于实现个人利益，增进国民财富，提升社会福利。三是强调国家负有公共事业的责任。亚当·斯密的福利思想受其所处时代背景的限制，有一定的历史局限性，也并未系统地提出福利经济理论，但他对福利问题的初步探索，为后来福利经济理论的发展提供了一定借鉴，其福利思想也为推动当时的社会发展做出了一定的贡献。

不同于亚当·斯密将个体作为主要研究对象，福利经济学创始人庇古以效用为基础，将国民收入总量作为研究对象，以国民经济福利的增进为目标，开创了福利主义的先河。庇古认为，经济福利主要用国民收入及其效用来衡量，一国经济福利的大小可以用国民收入具体表示，经济福利随收入水平的变化而变化，与之呈正相关关系。国民收入提升，则社会经济福利增进，反之亦然。同时，收入从富人到穷人的转移，若没有减少国民收入的总规模，就会使福利增加。国民收入数量既定，分配越平等，福利水平越高，即穷人收入分配的改善，或穷人规模数量的减少，会提升福利水平。综上所述，庇古认为，国民净收入的增加或减少不一定能够反映出整体福利的增加或减少，还要考虑社会福利的分配状况，他主张将整个社会穷人收入的不降低作为检验福利水平的标准，若在未减少穷人收入的条件下，提高了社会资源的利用效率，则福利水平提升。新福利经济学认为只有经济效率问题才是最大福利的内容，把交换和生产的最优条件作为福利经济学研究的中心问题，反对将高收入阶层的货币收入转移一部分给穷人。

狭义的经济福利概念在社会福利的研究中被不断扩充，人们对于福利的期待也向更综合的层面迈进。后福利经济学主要代表人物阿玛蒂亚·森受心理学、社会学等相关研究的影响，将非经济因素引入对福利的分析中，提出了强调"能力"的可行能力方法理论，即应根据功能和能力来评价和衡量福利水平。阿玛蒂亚·森认为可以用社会成员实现"功能"的能力来衡量其福利水平。可行能力理论强调了保障人的基本生活、促进能力提升的重要性，提出发展的目标并非单一的经济增长或经济福利的提升，更重要的是促进人的发展、人的能力的提升。以功能和能力作为衡量福利的标准，人们对经济资源、教育、健康等客观条件的享有是能力自由的前提条件。从"功能"和"能力"的视角看待福利，不仅关注人们拥有的收入和资源，还关注人们所享有的选择、生活潜在的可能变化。

福利的内涵在福利经济学的不断发展中被不断地更新拓展。亚当·斯密认为个人对利益的追求有利于提升整个社会的利益，反对社会救济，主张市场的自动调节；庇古提出经济福利等同于国民收入，收入均等化有利于福利的提升；新福利经济学强调经济效率，坚持福利不可测度只可排序；阿玛蒂亚·森的可行能力理论更关注对人的功能和能力的提升，以促进人的自由发展。福利内涵的丰富性决定了福利的多元性，我们对福利的追求目标也并非单一的。经济福利、非经济福利、客观福利、主观福利都属于福利范畴，福利各层次内涵存在一定的递进关系，经济福利或客观福利是最基础的部分，非经济福利或主观福利是更高层级的福利。

在此基础上，本书认为福利是多维的。多维福利是特定的经济社会问题或经济制度、政策可能带来的一系列福利变化，这一福利变化是较为综合的，可能体现在国民收入、平等程度、经济效率、功能自由、能力自由、幸福感等多个维度。结合新型城镇化"经济发展""公平共享""城乡统筹""集约高效""以人为本"的内涵和福利经济学相关理论，新型城镇化发展与古典福利经济学理论和后福利经济学理论存在一定的交集：一是国民福利，庇古认为国民收入水平的提升意味着国民福利的提升，新型城镇化的内涵之一"经济发展"会影响国民收入，从而影响国民福利。二是收入差距，古典福利经济学更关注穷人的经济福利，主张改善收入分配，缩小收入差距，促进社会公平，从而提升福利，"城乡统筹"的新型城镇化发展将对城乡收入差距产生影响，从而改变福利水平。三是可行能力方法，其本质是促进人的发展，与新型城镇化发展的核心内涵"以人为本"具有内在一致性。

具体而言，新型城镇化发展的多维福利主要体现在：新型城镇化发展→经济变化→国民收入变化→整体国民福利变化；新型城镇化发展→城乡收入差距的扩大或缩小→初次分配平等性变化→社会福利变化；新型城镇化发展→人的功能、能力的变化→促进或阻碍人的发展→社会福利变化。

第二节　城镇化发展的相关理论渊源

马克思主义政治经济学、发展经济学、区域经济学等多个学科从各自视角对城市化问题进行了广泛研究。

一、马克思主义政治经济学的城市化理论

在《政治经济学批判》中，马克思指出，"现代历史是乡村城市化，而不像古代是城市乡村化"。马克思和恩格斯较早地思考和研究了城市化问题。

第一，充分肯定城市发展的必然性。马克思和恩格斯从历史唯物主义视角出发，深入剖析人类社会及资本主义社会发展历程，得出乡村向城市变迁是生产力发展到一定阶段的必然结果。在《德意志意识形态》中，马克思指出："物质劳动和精神劳动的最大的一次分工，就是城市和乡村的分离。城乡之间的对立是随着野蛮向文明的过渡、部落制度向国家的过渡、地域局限性向民族的过渡而开始的，它贯穿着文明的全部历史直至现在。""城市的繁荣也把农业从中世纪的简陋状态下解脱出来……对整个农业起了很好的影响。"恩格斯对英国资本主义发展过程中城市的产生进行了细致描述："于是村镇就变成小城市，而小城市又变成大城市。城市愈大，搬到里面的就愈有利……这就决定了大工厂城市惊人迅速地成长。"马克思和恩格斯认为资本主义机器大工业的发展极大地促进了生产力的发展，使分工协作更加细化，更便于工业化生产和商业交换的城市从乡村中剥离，城市化是现代工业文明开疆拓土的必由之路。

第二，深刻揭露资本主义城市化的本质。马克思和恩格斯认为资本主义

城市化带动了农业发展，开启了文明之门，但同时也带来了一系列的社会问题，其本质是对乡村的剥削和压榨。这体现在：城乡差距形成，城乡关系走向对立。"城市本身表明了人口、生产工具、资本、享乐和需要的集中，而在乡村里所看到的却是完全相反的情况：孤立和分散。"资本主义城市化通过圈地运动对农民利益进行掠夺，并使农业更大程度地依附于工业，呈现出工业越强，农业就越弱的现象。资本主义城市化自身存在一系列问题。过于集中的人口密度使城市产业工人的生活成本不断上升，生活状况越发糟糕，生活环境不断恶化。"这里的街道通常是没有铺砌过的，肮脏的，坑坑洼洼的，到处是垃圾，没有排水沟，也没有污水沟，有的只是臭气熏天的死水洼。"

第三，提出城乡关系最终要由对立走向和解。在深刻揭露资本主义城市化本质并对其进行批判的基础上，马克思认为城乡关系在未来必将走向和解，这是由生产力和生产关系发展的一般规律所决定的。"消灭城乡之间的对立，是共同体的首要条件之一，这个条件又取决于许多物质前提，而且任何人一看就知道，这个条件单靠意志是不能实现的。"当生产力发展到一定阶段，资本主义私有制被社会主义公有制所替代，城乡差距逐渐消除，城市成为人全面发展的载体。城乡融合是社会发展到一定阶段的必然趋势，"进行生产教育、变换工种、共同享受大家创造出来的福利，以便城乡的融合，使社会全体成员的才能得到全面的发展"。城乡关系和解是共享城市化所带来福利成果的前提，而城市化福利的共享会进一步促进人的全面发展。

马克思和恩格斯从他们所处的资本主义机器大工业的时代背景出发，深刻剖析资本主义城市发展的一般规律，认识到城市的发展轨迹是由生产力与生产关系的发展决定的，"对立—融合"的城乡发展历程是生产力发展的必然结果。他们认为资本主义城市化主要依靠圈地运动剥夺农民利益从而获得原始资本，生产资料私有制必然导致城乡关系对立，并产生大量的社会问题。只有当无产阶级掌握政权，才能真正实现人与城市的和解，进而使城市成为人的解放的工具。他们站在人的全面发展高度提出未来社会城市与乡村的对立必然走向和解，城乡关系也由禁锢走向解放，最终实现城乡差别的消除。我国以人为本的新型城镇化理念与马克思主义政治经济学城市化理论具有内在一致性，是创新的、发展的、与时俱进的马克思主义城市化理论。这体现在，两者都从本质上强调人的主体性及能动性，认为城市化的本质是促进人的全面发展。

在现代马克思主义城市化研究方面，Wallerstein（1974）指出，资本的全球流动造成了地域内部的不平衡发展和地域间的不平衡发展，从而进一步促进人口流动和城市化的不均衡发展，使外商投资成为城市化发展的外生动力。以 Harvey（1985）为代表的新马克思主义学派采用资本积累理论对资本主义社会的城市化进行分析，他结合马克思主义关于资本主义生产与再生产周期性的原理，构建了资本的"三次循环"过程，认为城市空间是资本利润驱动的产物，资本主义的城市化过程实质上是资本的城市化。

二、发展经济学的城市化理论

发展经济学中的城市化理论有刘易斯二元结构理论、拉尼斯-费模型、乔根森模型及哈里斯-托达罗模型。

1. 刘易斯二元结构理论

Lewis（1954）在 *Economic Development with Unlimited Supplies of Labor* 中提出了二元结构理论模型，他认为发展中国家的经济部门可以划分为二元异质结构，即传统农业部门与现代工业部门，并假设传统农业部门存在大量边际生产率为零的剩余劳动力，其工资水平为 W_a，现代工业部门工资水平 W_m 略高于 W_a，劳动力在两部门间自由流动。由于两部门工资收入的差异，农业剩余劳动力不断地向现代工业部门转移，直到两部门的工资收入达到平衡。当现代工业部门对劳动力需求的增长率超出了传统农业部门对劳动力供给的增长率，就会出现"刘易斯拐点"。

如图 2-1 所示，二元经济发展可以划分为以下两个阶段：一是劳动力无限供给阶段（L_s 左侧部分），图 2-1 中 D_1K_1、D_2K_2、D_3K_3 为资本不断扩大时，现代工业部门的劳动力需求曲线。此时由于 $W_m > W_a$，农业剩余劳动力向现代工业部门转移，W_m 保持不变，在利润驱动下，现代工业部门不断扩大生产规模，劳动力需求从 L_1 不断扩张至 L_2、L_3($L_1 < L_2 < L_3$)，不断增加的利润转化为更多的资本投入，资本量 K_1 增加至 K_2、K_3($K_1 < K_2 < K_3$)。在这个阶段，传统农业部门劳动力不断被现代工业部门吸收。二是劳动力有限供给阶段（L_S 右侧部分），此时边际生产率为零的农业剩余劳动力被现代工业部门全部吸收，由于劳动力的稀缺性，现代工业部门工资水平不再保持不变，农业边际生产率提高，农业部门逐步实现现代化，现代工业部门劳动供给曲线向右上方上升至 SS′。

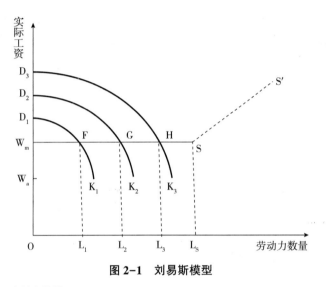

图 2-1 刘易斯模型

资料来源：由笔者绘制。

刘易斯模型揭示了发展中国家工业化与城市化发展的同步性，但其假定条件过于苛刻，忽略了城市中原本存在的失业及农业部门的发展，忽视了农业发展在工业化中的积极作用，也未考虑技术进步对两部门的影响。模型中很多条件与工业化进程中的发展并不相符，尤其是很多经济发展较为落后的国家因受二元结构理论模型的影响，采取了重工业优先发展战略，使资本积累率不断降低，导致城市化发展缓慢，加大了城乡收入差距。

2. 拉尼斯-费模型

Rains 和 Fei（1961）对刘易斯模型进行了修正和完善，构建了更为复杂的拉尼斯-费模型，更清晰地解释了工业化与农业发展的关系，他们将工业化进程分为以下三个阶段：第一阶段中劳动力是无限供给的，农业劳动力边际生产率为零（见图2-2），工业部门劳动力供给曲线SS'的水平部分SM段，这与刘易斯模型第一阶段的分析是一致的。第二阶段中存在隐蔽失业，农业劳动力边际生产率介于零和不变制度工资之间，随着劳动力的不断转移，引起农业部门产品的短缺，工业部门劳动力供给曲线MN缓慢上升，工资水平有所提升。第三阶段农业部门剩余劳动力被完全吸收，劳动力供给曲线NS'陡峭上升，农业实现现代化，劳动力对于农业部门和工业部门均为稀缺资源，两部门工资完全市场化。

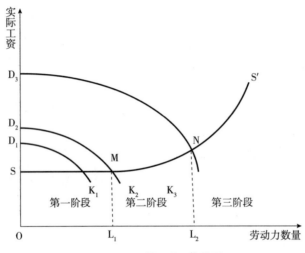

图 2-2　拉尼斯-费模型

资料来源：由笔者绘制。

拉尼斯-费模型强调农业发展的重要性，对二元经济发展中劳动力配置的全过程进行了说明，并证明伴随劳动力从农业部门向工业部门转移，不仅促进了经济发展，还可以完全实现商品化。他们认为要摆脱马尔萨斯陷阱，应该提高农业劳动生产率，农业劳动生产率的提高是劳动力持续流入城市工业部门的先决条件；并进一步揭示了工业部门与农业部门之间的发展关系，认为工业与农业两者紧密联系、互为条件，应协调发展。

Rains 和 Fei 在刘易斯模型的基础上，对两部门结构转换进程中的相互关系进行了详细分析，但他们依旧忽略了城市中原本存在的失业问题，将两部门增长视为自然的过程，未考虑贸易在两部门发展中的作用。刘易斯二元结构理论和拉尼斯-费模型构成了二元经济理论的基石，很多学者将他们的理论统称为刘-费-拉模型，并以此为分析框架，展开对二元经济结构的研究。

3. 乔根森模型

Jorgenson（1961）突破了刘-费-拉模型中两部门工资水平不变的假定，将分析视角从刘易斯的剩余劳动力下的经济发展转变为农业剩余产品下的经济发展，认为人口流动的原因还与人口增长及农业技术进步有关，并依据新古典经济学分析方法构建模型，得出以下结论：一是人口增长是有限的，技术进步会促进农业增长，当农业产出增长率高于人口增长率时，会产生农业剩余。二是工业部门的发展以农业剩余为基础，工业化的速度在很大程度上取决于农业剩余的增长速度；三是对农产品和工业产品消费需求的差异性，即消费结构变化是影响两部门经济发展的重要因素。他强调农业的发展和技术的进步，认为农业劳动力向工业部门转移的速度取决于农业剩余的增长速度，农业剩余越多，农业劳动力转移规模就越大。同时，工业部门的技术进步越快，劳动力转移速度则越快，最终完成由二元结构向一元结构的转化。

乔根森模型中现代工业部门的工资水平随技术进步和资本积累而上升，强调了市场机制对部门工资和农业剩余劳动力转移的作用，但他仍未考虑城市失业问题，并且其模型对马尔萨斯人口观点的继承，与很多发展中国家的实际情况并不相符。

4. 哈里斯-托达罗模型

Todaro（1969）提出了城市人口迁移模型，他认为人口的"乡—城"流动不是一步到位的，而是分为两个阶段。由于城市原本就存在失业问题，农村剩余劳动力在第一阶段就业于没有先进技术和资本积累的城市非正规部门，在第二阶段才转移至城市正式部门。他提出微观个体从农村转移到城市的行为是由"预期"收入最大化目标决定的，令 $I_R(0)$ 为农业人口从事农业生产的预期收入，则：

$$I_R(0) = \int_0^n Y_R(t)e^{-rt}dt \tag{2-1}$$

令 $Y_R(t)$、$Y_U(t)$ 分别为 t 时期农村、城市实际收入水平，n 为时间范围，r 为折现系数，$P(t)$ 为农业迁移人口在城市部门获得工作的概率，$C(0)$ 表示迁移成本，则农业人口迁移至城市的个人预期收入 $I_U(0)$：

$$I_U(0) = \int_0^n P(t)Y_U(t)e^{-rt}dt - C(0) \tag{2-2}$$

当 $I_U(0) > I_R(0)$，农业人口产生向城市迁移的意愿，两者差距越大，实际转移人口比例就越高。农业人口是否迁移至城市主要取决于两个决定性变量：一个是城乡工资差距，另一个是在城市能找到工作的概率。当这两个变量足够大时，作为理性经济人的农业人口才愿意转移到城市。Harris 和 Todaro（1970）在此基础上又进行了拓展和修正来分析人口迁移和失业问题，认为随着农业迁移人口不断增加，城市工业部门失业人数逐渐上升，预期收入便会下降，直至工业部门预期收入与农业部门工资相等，此时，人口转移将停滞。

Todaro 将刘-费-拉模型和乔根森模型中未考虑的城市失业问题纳入分析，提出了二元结构转换中农业发展的重要性，但其模型有明显的城市偏向，未对劳动力转移与城市失业问题并存的矛盾予以清晰地解释。哈里斯-托达罗模型对托达罗模型进行了修正，进一步研究了农村剩余劳动力的"乡—城"转移对城市部门产出水平和福利水平的影响。

发展经济学的城市化理论认为发展中国家可通过走工业化道路实现异质二元结构向同质一元结构的转换，比较符合许多工业化先行国家的历史实践，但其假设条件过于苛刻，并不符合很多发展中国家工业化进程中的现实状况。在许多发展中国家，以这种近乎理想的两部门经济发展理论为基础的直接转换仍然存在很多现实问题，部分农业转移人口并未被现代工业吸收，而是被城市传统部门或贫困部门吸收，形成了城市贫困阶层。因此，中国特色新型城镇化道路还应结合我国经济发展与城镇化的历史进程，汲取其理论精华。

三、区域经济学的城市化理论

区域经济学主要从区位和空间增长的视角研究了城市化相关问题。其代表性理论成果有农业区位论、工业区位论、中心地理论和市场区位论；空间增长理论主要包括增长极理论、循环累积因果论、非均衡增长论、梯度推移理论、核心—边缘模型等。

1. 区位理论

农业区位理论的代表人物是提出"杜能圈"的 Thunen（1966），他认为城市周围的农业土地利用方式呈同心圆圈层结构，揭示了即使在同样的自然条件下也能出现农业生产的空间分异。Weber（1909）在《工业区位理论：区位的纯粹理论》中探讨了运输成本、劳动成本和集聚三大因素对工业区位选择的影响，试图解释人口在地域间大规模移动以及城市人口与产业集聚问题，认为城市化是工业化引致劳动分工的空间结果。Christaller（1933）通过对德国南部城镇空间模式的研究，提出了著名的"中心地理论"，即一个区域的经济活动必须有自己的核心，这些核心由若干大小不同的城镇组成，每个城镇都位于它所服务的中心地，中心地的大小和排列呈六边形模式。Losch（1940）将中心地理论应用于工业区位研究，形成了著名的"市场区位理论"，认为影响企业选址的是利润或效用最大化，因而企业在区位选择时不但要考虑运输成本等因素，还要考虑市场因素和政府因素等。

2. 空间增长理论

Perroux（1955）提出的增长极理论认为经济增长并非同时出现在所有区域，而是首先出现在一些由主导部门和创新企业集聚发展而形成的"增长极"上，这种"经济集聚效应"能够吸引更多的企业集聚发展，构筑主导型的产业集群，形成区域性的增长极。Myrdal（1957）用循环累积因果关系解释了"地理上二元经济"的消除问题，认为循环累积因果关系将对地区经济发展产生两种效应，可以解释区域之间尤其是城乡之间的不平衡发展现象。Hirshman（1958）在《经济发展战略》中提出了非均衡增长论，即经济增长不可能在任何地方同时出现，增长在国际或区域间的不平衡是增长的伴生物和前提条件。该理论强调经济发展的初期应把有限的资源分配在最有生产潜力的产业中，通过这些产业的优先发展来带动其他产业的发展，待经济发展进入高级阶段时，再实施经济协调发展政策。梯度推移理论源于 Ruttan（1966），该理论认为区域经济发展客观上存在一种梯度，生产力水平的梯度顺序与引进先进技术和经济发展顺序一致，落后地区始终跟随发达地区且永远赶不上发达地区。Krugman（1991）提出了著名的"核心—边缘"模型，通过严密的数理推导和计算机模拟，从制造业生产集聚的层面解释了制造业"核心"和农业"边缘"宏观格局的形成机理。

区域经济学主要从空间转换视角分析了城市与农村相互关系及其转变趋势，认为城市是以社会生产的各种物质要素和物质过程在空间上的集聚为特征的社会生产方式，城市化的动力源泉是其集聚效应创造的比分散系统更大的经济效益。我国新型城镇化发展也要遵循区域经济发展规律和发展阶段，尤其是要基于东中西部地区及东北地区城镇化进程差异较大的现实基础，增强大中城市对外围小城市、城镇的带动作用，以城市群为载体加快区域一体化发展。囿于本书研究视角和研究重点的差异性，对其他相关理论不再进行一一阐述。

第三节　福利经济学相关理论渊源

福利经济学是在伦理学、哲学、心理学的基础上从经济学分支中发展而来的，"福利经济学之父"庇古指出，福利经济学主要研究"增进世界的或某一国家的经济福利的主要影响"，即研究如何通过资源优化配置来实现全社会福祉的最大化和公平分配，对特定经济制度与政策效果进行评价，也用于分析现实经济状况的合意性。福利经济学的发展历经古典福利经济学、新福利经济学和后福利经济学三个阶段，其发展进程遵循社会生产力前进的轨迹，在不同的发展阶段，其所关注的主要问题也有所差异。

一、古典福利经济学理论

20世纪初，英国贫富差距日益扩大，社会矛盾不断加剧，个人福利及收入分配方面的问题引起了广泛关注。福利经济学创始人庇古（1925）以边沁的功利主义哲学为基础，结合马歇尔的经济学理论，在《福利经济学》一书中首次阐明福利经济学的内涵、主要内容及改善福利的方法。功利主义原则是古典福利经济学的哲学基础，认为福利即幸福，人类行为的唯一目的是追求幸福，个人福利最大化就是其幸福感最大化，社会福利最大化就是全社会个体幸福总和的最大化，可以用个人福利总和的大小作为评价社会公正的标准。马歇尔认为，消费者从其愿意支付的商品价格超过他实际支付的商品价格的差额中获得了额外的满足即"消费者剩余"，可以在一定程度上界定福利大小，但是仍然无法准确度量福利。以上理论的发展为古典福利经济学的产生和发展奠定了一定的基础。

庇古将福利定义为人们对享受、满足和效用的心理反应或者主观评价，他认为福利有狭义和广义之分，狭义的福利是指可以客观度量的经济福利，即与社会经济生活相关的，能够用货币量化的福利，可以用国民收入来表示。广义的福利即社会福利是一种主观感受，包含幸福、快乐、主观满足等众多不可直接计量的因素，是全社会居民获得的幸福感和满足感的总和。其中，古典福利经济学研究的主要目标是可度量的狭义经济福利。

古典福利经济学的主要观点可以概括为以下三点：一是以基数效用论为核心，提出福利是可度量的，即个人福利和社会福利可以通过产品的价格来度量。二是整个社会的经济福利等同于国民收入，国民收入提升意味着整体经济福利的提升，即福利最大化也就意味着经济总量最大化。三是认为强调结果公平的国民收入均等化有利于福利提升。由于边际效用递减，向贫困阶层倾斜的分配制度更有利于整个社会福利水平的改善，即收入的均等化可以提升整体福利水平。总体来说，古典福利经济学认为，社会经济福利在很大程度上受国民收入总量和国民收入在社会成员之间分配情况的影响，即国民收入总量越大，社会经济福利就越大；国民收入分配越平等，社会经济福利则越大。同时，收入均等化措施的实行，不仅有益于调节分配关系本身，而且还有益于调节生产和分配关系，从而起到通过福利使经济获得最大增长的作用。

功利主义把趋利避害的伦理原则说成是所有人的功利原则，把"最大多数人的最大幸福"确定为功利主义的最高目标，隐含要求某些社会成员在达成社会最大幸福值过程中为他人的利益做出牺牲，并且没有考虑对相关人群进行补偿。庇古作为福利研究的开拓者，他认定效用可以衡量和加总，这在现实经济生活中难以实现；他对于一般福利和经济福利的区分也不够严密，有很多外在效应的经济性质是很难明确做出区分和判断的。

二、新福利经济学理论

1929—1933 年的资本主义经济危机给西方社会带来了较大的冲击，很多经济学家开始反思古典福利经济学，并提出了新观点，形成了以罗宾斯、帕累托、希克斯、柏格森等为代表的新福利经济学理论。Lionel 和 Robbins（1932）等对庇古的古典福利经济学理论提出了质疑，认为效用不可度量，应该用偏好替代效用，收入分配合理化优于收入均等化。帕累托（1906）用无差异曲线和契约曲线作为分析工具，提出了任何改变都不可能使任何一个人的境况变好而不使别人的境况变坏的"最优状态"。帕累托、埃奇沃斯、费雪以及勒纳等经济学家提出了序数效用论，用以重新阐述并度量福利，并逐步形成了以序数效用论为核心的新福利经济学。新福利经济学认为边际效用不能衡量，个人间效用无法比较，不能用基数表示效用数值的大小，只能用序数表示效用水平的高低。

新福利经济学认为应当研究效率而不是研究水平，只有经济效率问题才是最大福利的内容，把交换和生产的最优条件作为福利经济学研究的中心问题，反对将高收入阶层的货币收入转移一部分给穷人的主张。其主要观点可以概括如下：其一，效用是个人主观感受，不可直接度量，但可以用偏好进行次序高低的比较。其二，注重效率，认为收入分配合理化比收入均等化更有利于福利最大化。其三，消费者在最高的满足水平下，即最高的无差异曲线上，可以实现帕累托最优，而这一状态可以通过希克斯等人提出的补偿过程来实现。其四，帕累托最优状态标准在分配问题的分析方面是缺失的，为了弥补这一点，提出了一系列有关社会福利函数的讨论。

新福利经济学对帕累托最优条件进行了修改和补充，提出了一些补偿原则，但按照这一标准，只要垄断资本家们的境况好起来，不管多少人的境况坏下去，都是增大了社会福利，仅关注效率，而忽视公平，无法真实有效地反映社会总体福利状况。

三、后福利经济学理论

古典福利经济学理论和新福利经济学理论着重强调财富、收入分配或经济效率对总体福利的影响，未将较为主观的因素纳入福利范畴。阿罗于1951年提出阿罗不可能定理，福利经济学进入新的发展阶段，但囿于有限信息下序数效用无法实现社会排序，此后近 20 年福利经济学的发展又陷入徘徊期，直到阿玛蒂亚·森（1970）等研究发现阿罗不可能定理无法用于人际间效用比较，仅适用于投票式的集体选择，福利经济学逐渐显现出向基数效用理论回归的趋势，又逐渐受心理学、社会学等相关研究的影响，阿玛蒂亚·森等将非经济因素引入对福利的分析中。

阿玛蒂亚·森提出的可行能力理论是后福利经济学中最具有代表性的理论，其核心观点是强调"能力"中心观，即应根据功能和能力的自由程度来评价和衡量福利水平。他认为可以用社会成员实现"功能"的能力，也就是个人所处的现实状态及他能够做某事的机会来衡量其福利水平，这包括能够真实反映个人现状的功能自由和未来可能拓展其功能自由的能力自由。

1. 功能

功能即所处的现实生活状态，体现生活水准和社会认可程度，如健康、教育程度、人际关系等，阿玛蒂亚·森用一系列相互关联的功能性活动表示个人福利，将功能性活动作为考察福利的一个重要方面。

2. 能力

能力是可能实现功能性活动的自由，其本质是个人拥有的能够实现其

"功能性活动"的潜力和自由选择生活方式的能力。

功能自由和能力自由可以用政治自由、经济条件、社会机会、透明性担保及防护性保障五个工具性自由来度量。政治自由通常是指公民行使政治权利的自由，包括言论自由及出版自由等；经济条件是享有和运用经济资源的机会；社会机会是在教育、医疗等方面的制度安排，从而影响人享受生活的实质自由；透明性担保是信息的公开程度；防护性保障是社会基本保障的提供程度，以防止极端情况的发生。

功能和能力是相辅相成的，功能是能力的起点和基本保障，能力的发挥可以获得更多的功能。阿玛蒂亚·森的可行能力理论是对功利主义哲学观的一种扬弃，从"功能"和"能力"的视角看待福利，使之更具有全面性，不仅关注人们拥有的收入和资源，还关注人们所享有的选择、生活潜在的可能变化，与效用论相比也更便于指标的量化衡量。从人的自由权利和能力这一崭新的视角对社会福利进行了诠释，他的研究表明，狭义的经济福利概念在社会福利的研究中不断被扩充，人们对于福利的期待也向更综合的层面迈进。因此，不能仅从物质消费领域来衡量福利水平，还应该综合考量社会道德和政治领域等多方面因素来认识和评估福利水平的变化。

四、社会福利函数

为弥补新福利经济学理论中帕累托标准在公平和分配问题上存在的缺陷，社会福利函数成为衡量福利水平的重要工具。又由于所关注利益群体不同及解决这些利益主体利益冲突的方法差异，社会福利函数可以分为以下九种形式。

1. 古典功利主义社会福利函数

古典功利主义社会福利函数是对所有社会成员效用的简单加总，令 W 表示社会福利值，第 i 个社会人员的效用为 u_i，n 为社会成员数量，则：

$$W = \sum_{i=1}^{n} u_i,\ 其中，i = 1,\ 2,\ 3,\ \cdots,\ n \tag{2-3}$$

若给每个社会人员的效用都赋以权重 p_i，则可以得到新古典效用主义社会福利函数：

$$W = \sum_{i=1}^{n} p_i u_i, \text{ 其中，} p_i \geq 0, \ i = 1, 2, 3, \cdots, n \qquad (2-4)$$

现实中，古典功利主义社会福利函数所要求的所有社会成员的效用信息和权重难以获得，并且忽略了对社会公平的考量。

2. 贝尔努利-纳什社会福利函数

贝尔努利-纳什社会福利函数更强调公平，采用乘积的形式表示社会福利，分配越均等化，得出的社会福利值就越大：

$$W = \prod_{i=1}^{n} u_i, \text{ 其中，} i = 1, 2, 3, \cdots, n \qquad (2-5)$$

当社会成员效用存在特殊极值时，贝尔努利—纳什社会福利函数可能得出与实际福利状况相去甚远的结果。

3. 精英者社会福利函数

精英者社会福利函数认为社会福利水平由社会境况最佳的社会成员决定，即包容极端的两极分化：

$$W = \max(u_i), \text{ 其中，} i = 1, 2, 3, \cdots, n \qquad (2-6)$$

这种函数形式仅关注效率，没有考虑社会的公平程度，无法反映社会的整体福利状态。

4. 罗尔斯社会福利函数

罗尔斯社会福利函数目标是最贫困阶层的福利提升，效用较低的社会成员对社会福利影响较大，只有境况最差的弱势群体的效用提升，社会福利才会提升：

$$W = \min(u_i), \text{ 其中，} i = 1, 2, 3, \cdots, n \qquad (2-7)$$

罗尔斯社会福利函数略过了效率问题，缺乏激励机制，对整个社会效用的提升也是不利的。

5. 伯格森-萨缪尔森社会福利函数

由柏格森于 1938 年提出，又经萨缪尔森在 1947 年进一步说明并推广，是所有社会福利函数的一般化形式，u_i 为第 i 个社会成员的效用：

$$W(x) = W(u_1(x), u_2(x), \cdots, u_n(x)) \tag{2-8}$$

6. 阿罗社会福利函数

肯尼斯·阿罗提出的社会福利函数在满足五项独立条件的基础上，通过对社会成员偏好进行排序来确定社会决策，令 R_i 为社会成员偏好排序，整个社会排序 R 为：

$$R = f(R_i)，其中，i = 1, 2, 3, \cdots, n \tag{2-9}$$

阿罗不可能定理对阿罗社会福利函数存在性的否认，为福利经济学中社会选择理论开辟了新方向。

7. 阿玛蒂亚·森的社会福利函数

阿玛蒂亚·森利用基尼系数，将 （1-G） 作为测度公平程度的工具，令其为社会平均收入，构建阿玛蒂亚·森的社会福利函数：

$$W = \mu(1 - G) \tag{2-10}$$

阿玛蒂亚·森的社会福利函数尽管在一定程度上衡量了收入差距，但对最低收入阶层和收入分配关系的关注依旧不够。

8. 阿特金森社会福利函数

阿特金森社会福利函数更为精细化地将社会成员分为富裕阶层 r 和贫困阶层 p，X_r、X_p 分别表示两阶层间接效用函数，令 α 为社会不平等厌恶参数，其数值越大表明整个社会对贫困阶层的福利越重视，即对不平等厌恶程度越大：

$$W = \frac{1}{1 - \alpha} \sum_{i=p}^{r} \left[(X_i)^{1-\alpha} \right] \tag{2-11}$$

9. 福斯特社会福利函数

福斯特社会福利函数利用泰尔指数来测度社会福利，T_L、T_T 为两种泰尔指数：

$$W = \mu_e^{-T_L} \tag{2-12}$$

$$或 W = \mu_e^{-T_T} \tag{2-13}$$

五、公平与效率

公平与效率是福利经济学的核心议题之一，从内涵上来看，福利经济学中的效率一般是指资源配置的效率，偏重于经济学的概念；公平具有政治学、伦理学含义，涵盖范围较广，包括收入公平、机会公平、法律公平等。后福利经济学将公平与效率的关系看作短期福利与长期福利的矛盾，在现实社会中，两者往往难以兼得，根据异质性的社会制度、发展目标和发展阶段，存在着"公平优先""效率优先""公平与效率并重"三种不同的政策主张。

1. 公平优先

庇古、勒纳、罗尔斯等是持有公平优先观点的代表人物，他们认为人们的工作意愿和工作效率可能会随收入分配不公而降低，收入均等化有利于福利提升。庇古根据边际效用递减规律，认为提高低收入者收入能够带来更多的效应增加，缩小收入差距，有利于提高社会效率和福利水平，主张通过国家干预对低收入者进行补贴来实现收入均等化。勒纳提出由于对资本要素占有与否的差异，资本主义分配制度必然是不公平的，国家应积极干预来实现平均分配。

2. 效率优先

代表人物有哈耶克、弗里德曼等，他们强调市场机制在资源配置中的作用，认为市场机制自由竞争是公平和效率的前提，商品交换使双方都可以获得比交换前更高的效用，从中获得了福利增进，所以，不应强求公平，损失效率。除此之外，他们还提出效率就意味着公平，根据努力程度获得效率提升和报酬的增加就是公平。

3. 公平与效率并重

萨缪尔森、布坎南、阿瑟·奥肯等认为应并重公平与效率，两者都有价值，同样重要。这是因为效率缺失的均等化收入有利于公平，而带来收入不平等的市场机制本身是一种公平的机制。萨缪尔森提出政府可以通过积极干预来辅助市场，平衡两者的关系。奥肯认为两者存在交替关系，任何一方都没有绝对优先权，在关系冲突时，一方的妥协牺牲，可由另一方进行补偿。

库兹涅茨认为在经济增长过程中，会不可避免地经历初期收入分配的恶化和后期收入分配的不断改善，即公平和效率关系的演进是随着经济发展阶段逐渐变化的（见图2-3）。倒"U"形曲线揭示了经济发展进程中公平与效率的关系，即经济发展初期，效率发挥较大的作用，收入差距扩大；经济发展达到成熟阶段后，收入差距逐渐缩小，社会公正日趋重要，这一变化趋势呈现倒"U"形。我国效率与公平关系的本质取决于我国社会主义初级阶段的基本国情，其演进进程随生产力发展不断变化，历经"效率优先，兼顾公平""公平与效率并重"到"更加注重社会公平"，在分配关系上，从"初次分配注重效率，再分配注重公平"到"初次分配和再分配都要处理好效率和公平的关系，再分配更加注重公平"。新时代，我国社会主要矛盾已经转化为人民日益增长的美好生活需要和不平衡不充分的发展之间的矛盾，主要矛盾的变化表明现阶段公平问题尤为重要。[①]

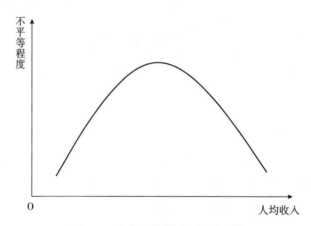

图 2-3 库兹涅茨倒"U"形曲线

资料来源：由笔者绘制。

通过回顾以上众多相关理论，本书认为福利改善是多维度且存在一定递进关系的，具体而言：可以用货币客观计量的狭义福利是福利整体效应发挥的基础条件；当基本的物质福利被满足后，需要考虑公平与效率问题；"仓廪实而知礼节，衣食足而知荣辱"，而后更应着重关注人的主观感受，其中的关键是人的功能、能力的提升。这与福利经济学理论的发展轨迹不谋而合，也是

---

① 习近平：《决胜全面建成小康社会 夺取新时代中国特色社会主义伟大胜利》，《人民日报》2017 年 10 月 28 日第 1 版。

不同经济体在不同发展阶段和时代背景下，对福利多重内涵理解的差异。

第四节　新型城镇化发展的多维福利相关研究学术梳理

一、国外相关研究的学术梳理

1. 城市化发展测度的相关研究

国外相关研究中大多使用的是"城市化"称谓，也没有直接提出城市化发展质量的概念，但在城市化发展水平测度方面研究颇丰，主要是选取相关指标测度城市发展。日本学者稻永幸男从人口的动态变化、人口的静态变化、区域规模、经济发展、地理位置五个方面出发，构建了包含 5 大类 16 项分指标的"城市度"测量指标体系，并用因子分析法进行具体计算。Cloke（1977）选取有关人口、职业、交通便利程度等 16 项指标构建衡量城市化发展的指标系统。Qadeer（2004）认为，基础设施、人口密度、公共服务对发展中国家城市化水平影响较大。联合国人居署制定了包含 5 个主要测度内容的综合发展指数（Comprehensive Development Index，CDI）和细分为 42 项指标的城市指标准则（Urbun Indicators Guidelines，UIG）来测评城市居住质量。国外城市化发展测度的研究有一定借鉴意义，但由于发展进程、所处阶段、动力机制差异较大，更应根据我国城镇化发展的理念依据和所处阶段进行测度和评价。

2. 城市化与经济增长

城市化与经济增长的关系一直是学者们关注的重点问题，在城市化能否推动经济增长方面的研究上，大多数学者认为两者呈现显著正相关关系，即城市化水平越高，经济发展水平也就越高。Northam（1975）通过研究英国、美国等工业化先行国家的城市化进程，认为城市化要历经初始阶段（城市化率在 10% 以下）、起步阶段（城市化率在 10%~30%）、加速阶段（城市化率在30%～70%）和后期阶段（城市化率在70%以上）。Northam将城市化规律概括为"S"曲线，即在城市化的初始阶段，工农业发展滞后，人均GDP增长较慢；起步阶段，人均GDP增速开始缓慢上升；加速阶段，人均GDP快速上升；后期阶段，人均GDP增速将会趋缓。其中，在城市化的起步阶段和加速阶段，由于受到产业结构转型升级、技术进步提速、贸易规模扩大等因素的影响，一般会出现较快的经济增长率。Lucas（1988）在内生增长模型框架下研究了城市化与经济增长的互动关系，重新发现了城市化在经济增长中的重要作用。Syrquin和Chenery（1989）利用101个国家30多年经济发展水平与城市化水平数据，得出生产结构、劳动力配置与城市化水平和人均GDP水平相对应。Henderson（2003）建立了城市经济框架，利用不同国家的截面数据分析得出城市化水平与人均GDP对数之间的相关系数为0.85。Herrmann和Khan（2008）把城市化看作是伴随经济增长的一种自然现象，强调一国或地区的城市化水平一定要与其经济发展水平相适应，否则将对经济增长产生负面影响，不能拉动就业、收入和消费水平。Bruckner（2012）指出城市化进程对经济发展具有重要影响，在发展中国家表现得尤其明显。Bond和Riezman（2016）研究发现人均GDP增长的主要驱动因素是迁移成本降低和技能积累，在中国的城市化进程中，迁移成本降低和全要素生产率（TFP）变化是迅速城市化的主要原因。Nguyen和Le（2018）通过研究东南亚国家联盟成员国城市化与经济增长之间的关系，得出城市化和经济增长存在因果关系，并且城市化对经济增长具有非线性的积极影响，但城市化进入一定程度后，可能会阻碍经济增长。

还有少数学者认为城市化并不是促进经济增长的工具，即城市化未必促进经济增长。Bertinelli和Strobl（2003）采用面板数据模型进行研究，其并未发现城市化与经济增长之间表现出系统的关联性，Shabu（2010）的研究也得出了相似的结论。Tripathi（2013）的研究表明在加速城市化的进程中必须减少城市贫困和不公平，只有这样才能从根本上提高其GDP，城市化与经济增长之间并非呈现显著正相关。Fay和Opal（2000）、Poelhekke（2011）、Fox（2014）认为非洲和拉丁美洲的一些国家由于受到贫富分化、政权无秩序更迭、农业生产风险加大、人口结构变化等因素的影响，其城市化速度仍然较快，但是却陷入了经济缓慢增长甚至"负增长"的怪圈。

3. 城市化与城乡收入差距

在城市化与城乡收入差距的研究方面，主要有三种观点：第一，城市化扩大了城乡收入差距；第二，城市化对城乡收入差距的影响是先扩大后缩小的倒"U"形变化轨迹；第三，城市化缩小了城乡差距。García 和 Turnovsky（2007）指出，城市和农村获取信息渠道的差异、资源配置的城市偏向以及财政政策等原因导致城乡收入差距拉大。藤田昌久等（2011）的研究表明城市化对提升城市和农村福利具有重要作用，但由于人口和生产要素大量向城市聚集从而产生聚集效应，导致城市人口的福利增长比农村人口更快，从而拉大城乡收入差距。Robinson（1976）、Anand 和 Kanbur（1993）用两部门模型对城市化与城乡收入差距的倒"U"形假说进行了理论证明，得出当农村劳动力转移到达刘易斯拐点时，农业劳动力报酬就开始上升。因此，城乡居民收入差距必然呈现倒"U"形的变化过程。Mehta 和 Hasan（2012）认为，服务业能够吸收大量农村劳动力，有利于提高农村居民收入，从而缩小城乡收入差距。Song 等（2012）采用 NEG 框架分析了异质性农村劳动力流向对城乡收入差距的影响，结果显示在一定条件下城市化和农村的工业化可以同时进行，劳动力从农村市场转向城市市场增加了农村劳动力的收入，缩小了城乡收入差距。

4. 城市化与人的发展

Martinetti（2000）基于意大利微观调查数据度量了五种功能性活动，运用模糊集理论分析了各种隶属函数及加权方式的使用条件，分别估计了基于可行能力的福利结果和基于收入的传统福利结果，并将两种结果加以比较。Lelli（2001）将模糊集理论和因子分析方法结合起来，提取功能性活动的构成指标，然后分别使用模糊集理论和因子分析方法得到各种功能性活动所代表的福利水平。Roche（2008）用因子分析方法识别功能性活动并选取相关指标，使福利评估结果更为直观。Knight 和 Gunatilaka（2010）是最早研究发展中国家城市移民主观幸福感的学者，他以幸福感得分作为福利的代理变量，得出城市化进程中移民往往无法享受平等的经济福利，并且他们在城市获得的成就与他们的新参考群体相比，其主观期望过高，也会导致不幸福。同时，不能排除部分移民的选择偏见，移民在新环境对生活形成无偏见的期望显然是困难的。Vladimirovich（2014）认为，在城市发展规划中，人类潜能的发展越来越重要。重视城市化进程中人的发展，不仅可以提高城市经济发展的效率，而且有助于解决现代城市发展中阻碍人的发展的实际问题。

二、国内相关研究的学术梳理

1. 新型城镇化发展测度的相关研究

对城镇化发展的测度主要包括发展水平的测度和发展质量的测度，随着城镇化进程逐渐从经济利益主导的数量发展模式转变为侧重高质量发展的新型城镇化模式，对新型城镇化发展质量进行测度成为研究的新趋势。具体的衡量方法主要有单一指标法和综合指标法，传统城镇化水平的测度往往使用单一指标法衡量，只能反映城镇化水平的某一方面，不能综合反映城镇化发展水平。叶裕民（2001）最早提出城市化质量应从经济、基础设施、人的现代化以及城乡一体化程度四个方面来度量，认为我国城市化质量较低，应积极提高城市化质量。方创琳和王德利（2011）认为，城市化质量是经济质量、社会质量、空间质量的有机统一，并基于以上三个类别构建指标体系测度了我国城市化发展质量。魏后凯等（2013）基于城市发展质量、城镇化效率、城乡协调程度三个维度构建城镇化质量评价指标体系，测度了2010年286个地级以上城市城镇化发展质量。赵永平和徐盈之（2014）从经济、社会、环境三个维度构建新型城镇化发展综合评价指标体系。王新越等（2014）建立了由人口、经济、空间、社会、生态环境、生活方式、城乡一体化、创新与研发8个子系统构成的新型城镇化发展评价体系，还运用灰色关联度分析法对新型城镇化发展水平评价指标的关联度进行分析，结果表明新型城镇化综合发展指数与经济城镇化、创新与研发、社会城镇化、生活方式城镇化关系更为密切。王平和王琴梅（2015）在此基础上增加人口指标来测度新型城镇化率，并检验了城镇化发展与经济增长的关系及传导路径。赵黎明和焦珊珊（2015）从经济增长力、环境保护力、公共服务力、人口发展力、社会和谐力、民生幸福力及城乡协调力七个方面构建了城镇化发展质量综合评价指标体系，运用熵权 TOPSIS 法测度了我国城镇化发展质量水平。王宾等（2017）基于熵权扰动模型，选取经济、社会、生态、人居、城乡等六个子系统构建新型城镇化质量评价体系。王婷等（2018）以人的发展为核心理念，从提高消费效用、增强生产能力、提升公共服务、实现城乡统筹四个方面构建城镇化质量评价体系，对我国城镇化发展的数量与质量关系进行实证检验，认为要转变城镇化发展的战略，走出"高数量、低质量"的城镇化发展悖论。熊湘辉和徐璋勇（2018）选取了 26 个新型城镇化指标，建立新型城镇化水平的综合评价体系来测度我国 2006—2015 年新型城镇化发展。张莅黎等（2019）采用加权地理回归模型对城镇化发展的区域增长和收敛的双重效应进行了检验，实证结果显示，城镇化进程对经济增长及收敛具有积极的作用，更高地促进了西部地区的收敛速度，西部地区的增长效应也高于东中部地区。除此之外，国内有关新型城镇化的研究还主要集中在新型城镇化的动力机制、实现路径等方面，限于本书研究的视角，不做一一阐述。

2. 城镇化与经济增长

国内学者对城镇化与经济增长之间的关系进行了很多实证研究，大多数学者认为两者存在显著的正相关关系。程开明（2007）、蒋南平等（2011）研究发现，我国城镇化与人均 GDP 存在"S"形曲线关系，与 Northam 对英国、美国等老牌工业化国家的研究结果类似。孔令刚和蒋晓岚（2013）指出，新型城镇化能为中国经济增长提供中长期动力，应通过"精明增长"模式推动城镇空间发展的重构与转型。郑鑫（2014）估算了中国城镇经济总量和农村经济总量，认为应该不断提高我国人口城镇化对经济增长的贡献。于婷（2013）通过构建经济增长解释模型，得出我国人口及空间城镇化主要通过投资传导促进经济增长，没有形成对消费的推动，空间城镇化虽然也能通过投资传导促进经济增长，但仍不足以抵消通过消费传导产生的抑制作用。齐红倩等（2015）建立时变参数向量自回归模型研究城镇化发展对经济增长速度和质量影响的时变特征，得出城镇化发展对经济增长速度和质量的提升存在长期的正向促进效应，但 2005 年以后其促进效果逐渐弱化，特别在经济新常态时期出现了明显减弱。叶晓东和杜金岷（2015）以索洛模型为基础分析了新型城镇化发展可能对经济增长的影响，发现新型城镇化发展通过解放农村闲置劳动力、降低储蓄率、促进技术进步三种主要手段影响经济平衡增长路径、经济增长率、经济稳定性，从而有效推动经济增长。范兆媛和周少甫（2018）的研究表明，新型城镇化对经济增长有显著的促进作用且存在区域差异，对中部地区及西部地区的影响比东部地区更大。也有少数学者存在不同观点，如黄婷（2014）指出城镇化发展与经济增长两者存在长期稳定关系，经济增长是城镇化水平提高的原因，但城镇化发展并不是经济增长的原因；两者呈现弱正相关关系，相互解释程度极低，单纯将城镇化发展作为政策工具用以推动经济增长，很难实现。岳雪莲和刘冬媛（2017）采用协调度评价模型，基于广西壮族自治区、贵州、云南三省的数据分析发现经济增长质量提升滞后于新型城镇化发展程度，协调发展度不高，应主动调整产业结构，推动产业升级，提升新型城镇化与经济增长质量的协调性水平，实现区域经济的可持续发展。

3. 城镇化与城乡收入差距

陈钊和陆铭（2008）认为，我国的城市化水平滞后于工业化发展，城乡分割政策来源于城市倾向的利益决策，而城乡融合发展才会促进经济增长和城乡收入差距的缩小。胡晶晶和黄浩（2013）考察了我国东中西部地区城乡居民收入差距演变的影响因素，结果表明自1997年以来二元经济结构的弱化和城市偏向的财政政策的改善起到了缩小城乡居民收入差距的作用，而城镇化发展和工业化进程的加快、对外开放的深化以及目前城市严格而农村宽松的人口政策则扩大了城乡差距。加快城镇化的政策有利于平抑东中部地区的城乡差距，而不利于缩小西部地区的城乡差距。刘雪梅（2014）指出，中国特色新型城镇化推进的关键问题在于通过实现农村劳动力的顺利转移就业，提高农业生产率和农民的收入水平，从而缩小城乡差距。赵永平和徐盈之（2014）实证检验了新型城镇化对城乡收入差距的作用机制，结果显示新型城镇化对缩小城乡收入差距的作用显著，同时新型城镇化也受到城乡收入差距缩小带来的良性反馈作用，因此积极稳妥地推进新型城镇化，是缩小我国城乡收入差距的有效途径。杨森平等（2015）认为，我国城乡收入差距与城镇化发展存在着倒"U"形关系，走新型城镇化发展道路是缩小我国城乡收入差距的必然选择。王敏和曹润林（2015）通过广义熵指数估计等方法发现，城镇化进程加剧了城乡间居民财产性收入差距的不平等程度。向书坚和许芳（2016）利用空间自相关分析方法和地理加权回归模型，得出城镇化发展和城乡收入差距之间存在显著的空间正相关性，并且相关程度先增强后减弱，城镇化对城乡收入差距的影响还表现出较强的地区差异性。邓金钱（2017）基于我国城镇化发展的事实分析了政府主导和人口流动对城乡收入差距的影响，研究结果表明政府主导显著拉大了城乡收入差距，人口流动则缩小了城乡收入差距，应建立多方面的政策配套体系来矫正政府职能的异化，进一步促进农业人口的城镇化迁移，提升城镇化发展质量和农民收入。冯梦黎和王军（2018）基于系统广义矩估计方法对城镇化和城乡收入的关系进行了实证检验，并得出城镇化水平的提升有利于人力资本水平及农业劳动生产效率的提升，从而缩小城乡收入差距。范建双等（2018）在构建相关理论分析框架的基础上，采用 Hicks-Moorsteen 指数测算了全要素生产率（Total Factor Productivity，TFP），实证结果发现，城镇化发展引起的城乡非收入差距扩大对包容性增长具有显著的负面直接影响，城乡收入差距和非收入差距的缩小对包容性增长具有促进效应。罗知等（2019）通过创建一般均衡模型和考虑效率与公平的城镇化模型对城镇化进程中的收入分配问题展开研究，发现若考虑收入分配，城镇化水平会高于不考虑收入分配时的城镇化水平，对收入分配问题的关注可以降低移民成本，并进一步增加移民的就业机会，有助于推进城镇化。

4. 城镇化与人的发展

季曦和刘民权（2010）认为，人类需求的进一步提升和需求结构的多样化以及由此导致的产业结构升级使城市化进程达到高潮，应充分尊重人的选择，重视人类发展的需要，提升城市化质量，推动以"人类发展"为目标的城市化进程。杨爱婷和宋德勇（2012）从功能和能力空间衡量社会福利，认为能力不足侵蚀着功能增长带来的社会福利增长，使中国总体社会福利水平低下；社会福利和经济增长在长时间内基本上都是脱钩的，我国处于低福利增长状态；在主要国家的福利能力对比中，我国社会福利发展质量和能力水平明显落后。叶静怡和王琼（2014）基于阿玛蒂亚·森的可行能力分析框架对进城务工人员的福利水平进行测度，研究发现，进城务工人员在社会保障、心理及社会资本等方面的福利状态有所改善，其中，防护性保障和社会资本对其总福利水平的影响最大。郑明亮和张德升（2015）从效率和公平视角估算了实施效率和公平城镇化进程的劳动力转移成本。韩博等（2015）从人的发展视角出发，实证分析了城镇化与经济增长、人的发展三者的关系以及影响机理。其结果表明，经济增长与城镇化发展呈显著正相关关系，人的发展与经济增长的交互作用存在并且与城镇化发展呈现显著正相关关系，经济增长与人的发展良性互动进而促进城镇化发展。汪小勤和吴士炜（2016）基于阿玛蒂亚·森的可行能力理论，从集聚效应与拥挤效应角度分析了人口与土地城镇化扩张对社会福利的影响。其结果显示，人口和土地城镇化与社会福利指数之间呈倒"U"形曲线，并且最优人口与土地城镇化随工业化进程而变动。王新燕和赵洋（2017）从马克思主义政治经济学视角出发，提出我国城镇化进程中存在许多不利于人的发展的现实问题，主要体现在对人的城市主体性的忽视、人的社会权利的阻滞、人伦情感的割裂等诸多方面。陈阳和逯进（2018）认为，城市化、人口迁移、社会福利构成一个自组织演化耦合系统，城市化与社会福利子系统互惠共生，并且城市化与人口迁移、人口迁移与社会福利存在一定程度的寄生现象。

第五节　新型城镇化发展的多维福利相关理论及研究述评

一、相关理论述评

1. 城镇化相关理论述评

马克思在批判资产阶级学说并扬弃空想社会主义者学说的基础上，深刻剖析了资本主义城市发展的一般规律，站在人的全面发展高度提出未来社会应该从城市与乡村的对立走向城市与乡村的和解，他认为只有当无产阶级掌握政权，才能真正实现人与城市的和解，进而使城市成为人的解放的工具。我国以人为本的新型城镇化理念与马克思主义政治经济学城市化理论具有内在一致性，是创新的、发展的、与时俱进的马克思主义城市化理论。这体现在，两者都从本质上强调人的主体性及能动性，认为城市化的本质是促进人的全面发展。

发展经济学的城市化理论认为发展中国家可通过走工业化道路实现异质二元结构向同质一元结构的转换，比较符合许多工业化先行国家的历史实践。但在许多发展中国家中，以这种近乎理想的两部门经济发展理论为基础的直接转换仍然存在很多现实问题，部分农业转移人口并未被现代工业吸收，而是被城市传统部门或贫困部门吸收，形成了城市贫困阶层。因此，我国新型城镇化道路还应该结合我国经济发展与城镇化的历史进程，汲取其理论精华。

区域经济学的城市化理论从空间转换视角分析了城市与农村的相互关系及其转变趋势，认为城市是以社会生产的各种物质要素和物质过程在空间上的集聚为特征的社会生产方式，城市化的动力源泉是其集聚效应创造的比分散系统更大的经济效益。我国新型城镇化发展也要遵循区域经济发展规律和发展阶段，尤其是要基于东部、中部、西部、东北地区城镇化进程差异较大的现实基础，增强大中城市对外围小城市、城镇的带动作用，形成以城市群为载体的区域一体化发展。

2. 福利经济学相关理论述评

功利论把趋利避害的伦理原则说成是所有人的功利原则，把"最大多数人的最大幸福"确定为功利主义的最高目标，隐含要求某些社会成员在达成社会最大幸福值的过程中为他人的利益做出牺牲，也没有考虑对相关人群进行补偿。庇古作为社会经济福利研究的开拓者，将经济利益转向普众福利的研究，对弱势群体利益予以关注，为福利国家理论奠定了理论基础。同时，他强调了经济福利中结果公平的重要性，认为贫富差距的缩小有利于社会福

中国新型城镇化发展的多维福利实证研究

利的提升，提出的"收入分配越均等化，福利就越高"是一重大进步。但其经济福利是建立在基数效用函数基础上的，认定效用可以衡量和加总，而这在现实经济生活中不现实。除此之外，他对于一般福利和经济福利的区分也不够严密，有很多外在效应的经济性质是很难明确做出区分和判断的。新福利经济学对帕累托最优条件进行了修改、补充，提出了一些补偿原则，但按照这一标准，只要垄断资本家们的境况好起来，不管多少人的境况坏下去，都是增大了社会福利，仅关注了效率，而忽视了公平，无法真实有效地反映社会总体福利状况。阿玛蒂亚·森的可行能力理论是对功利主义哲学观的一种扬弃，从"功能"和"能力"的视角看待福利，使之更具有全面性，不仅关注人们拥有的收入和资源，还关注人们所享有的选择、生活潜在的可能变化，与效用论相比也更便于指标的量化衡量。

二、相关研究述评

1. 国外相关研究述评

在城市化发展测度的研究方面，国外的研究有一定借鉴意义，但由于发展进程、所处阶段、动力机制差异较大，更应根据我国城镇化发展的理念依据和所处阶段进行测度和评价。此外，大多数国外学者基于工业化先行国家的经验分析，较为一致地认为城市化能够促进经济增长；少数学者通过研究某些特殊发展中国家的城市化进程，发现一些特定的因素影响了其城市化经济增长效应的发挥。很多学者在城市化能否缩小城乡收入差距方面存在分歧，主要是由于在不同的城市化发展阶段，城市化进程对城乡收入差距的影响轨迹不同。在城市化与人的发展研究方面，目前相关研究还较少，较多的研究集中在可行能力的测度和福利评价方面，按照阿玛蒂亚·森的观点，通过公众讨论获取各项功能性活动的权重是最为理想的加总方法，但这一方法因其巨大成本和难度时至今日还未被加以应用。从1990年开始发布的人类发展指数使用的是固定权重加总，还有研究利用数据信息和统计方法得到权重。在已有文献使用的方法中，最常用的方法是模糊集理论以及多元数据简化技术中的因子分析方法和主成分分析方法。

可以看出，国外学者从多层面研究了城市化理论相关问题，给本书的研究带来了一定启示。但有关城市化的福利分析方面的文章较少，尤其是城市化与人的发展方面的相关研究几乎很少涉猎。此外，国外有关城市化的研究大多建立在发达国家自下而上的内生型城市化进程基础上，与我国时代背景和城镇化所处发展阶段不尽相同：其一，我国是发展中国家，户籍人口城镇化率与常住人口城镇化率差距较大，"半城镇"问题严峻；其二，我国新型城镇化是自上而下和自下而上的多重动力机制推动的城镇化进程，与发达国家内生型城市化进程不同；其三，我国新型城镇化问题具有一定的特殊性，各区域城镇化发展进程差异较大，应结合区域自身既定的经济发展环境。因此，要定量研究城市化发展的福利问题还需要在对其城镇化发展进行测度的基础上结合特定国家或区域的实际状况。

2. 国内相关研究述评

城镇化发展测度的研究方面，单一指标的传统城镇化水平测度不能综合反映城镇化发展水平，大多研究利用综合评价指标法从多角度测度新型城镇化发展。国内学术界对新型城镇化发展的测度主要集中在综合水平上，对于发展质量的测度也有涉及但相对较少，并且大多数研究集中于从经济、社会、人口、环境等方面选取指标体系测度新型城镇化发展质量。新时代我国经济社会发展已迈入高质量发展阶段，应结合发展理念选取更为科学、更具有代表性的指标体系对新型城镇化发展质量进行测度。

大多数学者认为城镇化发展与经济增长两者存在显著的正相关关系，但从实证方面来看，现有研究主要使用传统城镇化常用的常住人口城镇化率作为解释变量，而缺乏代表新型城镇化发展的综合性指标的实证研究。在城镇化发展对城乡收入差距的影响研究方面，认为城镇化发展缩小或者扩大了城乡收入差距的学者数量几乎不相上下，还有少数学者认为两者存在倒"U"形关系，这种多元化的结论大多源于研究具体问题时选取的城镇化发展阶段和区域存在较大差异。在城镇化发展与人的发展方面，缺乏在"以人为本"的新型城镇化背景下分析人的可行能力变化的研究。

总体而言，国外经典城市化理论对我国城镇化的发展具有一定的借鉴意义，但由于国情、发展阶段和时代背景的差异，部分理论已与现实情况脱节，对我国新型城镇化道路的实践指导意义有限。国内学者对新型城镇化问题的研究涉及范围较广，但深度不够，缺乏系统完整的深入研究，主要体现在：新型城镇化理论支撑薄弱，很多学者对其内涵特征的理解仅停留在政策层面，没有把马克思恩格斯有关城市化的经典理论融合到我国新型城镇化研究中；对新型城镇化发展的测度长期集中于从经济、社会、人口、环境等方面选取指标体系，未与时俱进地结合我国经济社会发展新阶段下发展理念的变化选取更为科学、更具代表性的指标体系；对发达国家城市化或我国经济发达地区的城镇化研究较为丰富，对新型城镇化的各区域发展差异关注不够；鲜有文献和研究从福利分析的视角研究新型城镇化问题，缺乏在福利视角下对新型城镇化发展展开的实证研究；新型城镇化发展对福利影响的研究较为片面且偏向定性层面，缺乏全面系统的定量分析。

综上，本书认为新型城镇化作为拉动内需的引擎，对提升城乡居民福利水平具有重大的影响作用。在新型城镇化问题的研究方面，有必要突破传统城镇化所关注单一经济增长目标的研究范式，应结合新发展理念选取对应指标体系，对新型城镇化发展质量进行综合测度；从福利分析层面展开实证研究，基于国民福利、公平、可行能力的研究视角，构建经济增长、城乡收入差距以及人的发展三个维度的分析框架，深入剖析新型城镇化的多维福利。通过考察新型城镇化进程中存在的制约其多维福利发挥的瓶颈因素，剖析其面临的现实困境，探寻能够进一步提升居民福利水平的城镇化发展道路，进而提出具有可操作性的对策建议。

第三章　新型城镇化发展的多维福利作用机制

福利效应通常是指某种社会经济活动对福利水平所产生的影响，这种影响可能是福利的增进改善，也可能是福利状况的降低恶化。在分析某项经济社会活动的福利效应时，使福利产生变化的社会经济活动是自变量，具体福利的改变状况是因变量，可以通过多因素函数模型，综合分析某项社会经济活动的福利效应。福利经济学研究涉及的范围较广，本书认为新型城镇化发展的福利效应是一种综合福利，既包括对国民福利的影响，也涵盖公平程度的变化和对人的功能自由、能力自由的影响，新型城镇化发展的多维福利主要体现在通过对经济增长的影响所带来的国民收入的提升或降低，对城乡收入差距影响所带来的收入分配方式及分配关系的改善或恶化，对人的发展的影响所带来的功能和能力的提升或降低。本书认为新型城镇化发展的多维福利主要体现在新型城镇化发展对经济增长、城乡收入差距和人的发展的影响上，本章机理分析是第五章至第八章实证研究的基础。

第一节　新型城镇化发展的多维福利作用的基本机制

本章在第二章梳理新型城镇化与福利经济学相关理论的基础上，探寻两者的耦合关系，构建新型城镇化的福利函数。

一、新型城镇化与福利经济学的耦合

以人为本的新型城镇化发展目标不仅是经济的发展，更是人的福祉的全面提升，是对发展成果的共享。因此，在实现一定物质积累的基础上，合理的收入差距及人的全面发展尤为重要。福利经济学的最终目的是整个社会福利的提升和个人能力的拓展，新型城镇化与福利经济学的深层次目标是一致的。

庇古认为经济福利等同于国民收入，经济增长会从整体上提升国民福利。收入提升是人获得实质自由的物质保障，通过高收入获得的优质教育和健康有助于在未来获取更高的收入。新型城镇化发展会通过增加资本投入、推动农业人口转移、发挥创新效应促进经济增长，提升国民收入，发挥福利效应。新型城镇化进程中劳动力转移、产业结构变化、政策倾向的转变会对城乡收入差距产生影响，带来收入分配方式及分配关系的改善或恶化，从而对社会公平程度产生影响，增进或降低福利水平。新型城镇化发展通过改善住房、教育、健康、社会保障等客观条件，为人们提供更多的机会等，影响人的发展。通过梳理新型城镇化的内涵及福利经济学理论，可以看出，新型城镇化与福利经济学理论的耦合关系如图3-1所示。

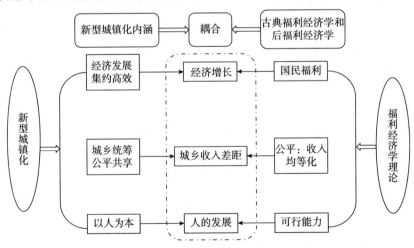

图3-1 新型城镇化与福利经济学理论的耦合

资料来源：由笔者绘制。

二、新型城镇化的福利函数

社会福利函数是对福利进行测度的基础，伯格森–萨缪尔森社会福利函数是社会福利函数的一般化形式，这一函数不涉及价值判断，只是一种概念，并未具体确定函数形式。它提供了构建福利函数的一般框架，由于只是概念形式，不能用于具体计算和价值判断，可以在此函数形式的基础上构建针对特定问题的福利函数，本章试图构建新型城镇化福利函数，作为本书实证分析的基础。

1. 柏格森–萨缪尔森社会福利函数

柏格森–萨缪尔森社会福利函数为：

$$W(x) = W(u_1(x), u_2(x), \cdots, u_n(x)) \tag{3-1}$$

柏格森–萨缪尔森社会福利函数并不是一种具体的函数形式，但它可以被转化为任意合理而具体的社会福利函数。

2. 新型城镇化福利函数

柏格森–萨缪尔森认为社会福利是由个体效用决定的函数，并未给出社会福利函数的具体形式，保持了函数形式的灵活性，为本书的拓展提供了一定的空间。将社会福利函数的一般形式拓展为新的函数形式，构造新型城镇化福利函数。假设第 t 期福利 $W(t)$ 由人均收入水平 $PGDP(t)$、城乡收入差距 $GT(t)$、人的发展 $PDI(t)$ 共同决定，新型城镇化福利函数如下：

$$W(t) = W(PGDP(t), GT(t), PDI(t)) \tag{3-2}$$

新型城镇化发展的多维福利主要体现在经济增长、城乡收入差距和人的发展三个维度的变化上。以下小节将对新型城镇化发展通过哪些关键性因素的改变影响经济增长、城乡收入差距和人的发展展开详尽的数理分析或理论分析。新型城镇化发展的多维福利作用机制如图3-2所示。

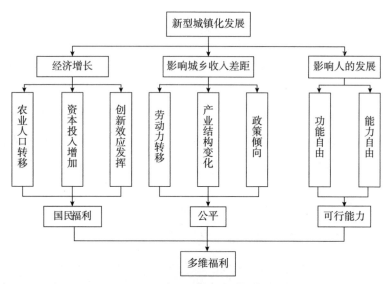

图 3-2　新型城镇化发展的多维福利作用机制

资料来源：由笔者绘制。

第二节　新型城镇化发展促进经济增长
提升国民福利的作用机制

　　新型城镇化发展是各种要素资源自由流动、不断集聚的过程，通过要素供给的增加促进经济增长，提高国民收入。经济增长理论中索洛模型揭示了经济增长的源泉，认为经济增长的驱动力是劳动、资本、技术创新等，最终收敛于稳态。新型城镇化作为经济增长的动力通过影响各类生产要素对经济增长产生影响，以索洛模型为基础，新型城镇化发展通过增加资本投入、推动农业人口转移、发挥创新效应促进经济增长，使国民收入提升。

　　在完全竞争经济下，令产出为 Y、资本为 K、劳动为 L、技术水平或知识水平为 A，假设资本 K 与有效劳动 AL 为规模报酬不变，t 表示时间，索洛经济增长模型的基本形式如下：

$$Y(t) = F(K(t)，A(t)L(t)) = K(t)^{\alpha}[A(t)\ L(t)]^{(1-\alpha)} \qquad (3-3)$$

其中 $0<\alpha<1$，假设 C—D 函数规模报酬不变；$F(K(t)，A(t)\ L(t))$ 有连续的一阶导数和二阶导数，并且各投入要素的边际产出递减为正；方程满足稻田条件。对式（3-3）两边同时除以 AL，则单位有效劳动的平均资本量 $k=K/AL$，y 为单位有效劳动的平均产出，可得到生产函数的紧凑形式：

$$y = f(k) = k^{\alpha} \qquad (3-4)$$

假设投资率为 s，第 t 期资本折旧率为 δ，有资本积累方程：

$$\dot{K}(t) = sY(t) - \delta K(t) \qquad (3-5)$$

则 K 的增长率是：

$$\dot{K}/K = sYK - \delta \qquad (3-6)$$

因此，当 K 的增长率不变时，Y 与 K 的增长率相等。假设劳动力、技术进步初值为固定正值，并且均按固定比率变化：

$$\dot{A} = gA \qquad (3-7)$$

$$\dot{L} = nL \qquad (3-8)$$

g、n 均为外生参数，且 $g>0$，$n>0$。根据索洛模型，由 $k=K/AL$，利用链式法则可以推导出单位有效劳动平均资本量的变化率 $\dot{k}$ 为：

$$\dot{k} = sf(k) - (n + g + \delta)k \qquad (3-9)$$

即 $\dot{k}$ 由单位有效劳动的实际投资 $sf(k)$ 与持平投资之差决定。对式（3-3）生产函数两边取对数：

$$\ln Y = \alpha \ln K + (1 - \alpha)(\ln A + \ln L) \qquad (3-10)$$

将式（3-10）两端分别对时间取对数，根据变量对数后的时间导数等于其增长率的事实，Y 的增长率用 g_Y 表示：

$$g_Y = \alpha g_K + (1 - \alpha)(g_A + g_L) \qquad (3-11)$$

$$= \alpha g_K + (1 - \alpha)(g + n) \qquad (3-12)$$

在索洛模型中，当经济处于平衡增长路径上时，$g_K = g_Y$：

$$g_Y^* = g + n \qquad (3-13)$$

在平衡增长路径上，平均资本存量 k 收敛于 k^*，K 的增长率与产出 Y 的增长率相等，即经济最终收敛于劳动和技术的增长率 n 与 g 之和。

以上述推导为基础，本书认为新型城镇化发展会通过增加资本投入、推动农业人口转移、发挥创新效应促进经济增长，提升国民福利。具体的影响机制见下文的详细分析。

一、通过资本投入增加发挥作用

新型城镇化的发展必然引致对城镇基础公共设施、公共服务需求的增加，使政府加大对公共产品的投资力度，政府对公共产品投资的加大会进一步带动对私人产品的需求和投资，从而促进经济增长。当然，新型城镇化发展中资本投入的增加与传统城镇化中"摊大饼"式粗放型投资的增加不同，以人为核心的新型城镇化发展的资本主要投向促进人的发展的社会功能完善领域，如城市环境改善领域、保障性住房、医疗、教育、养老等方面，更具针对性、更为人性化。

在上文分析的基础上，由单位有效劳动平均资本量的变化率 $\dot{k} = sf(k) - (n+g+\delta)k$ 可知，在平衡增长路径上，k 收敛于 k^*，$\dot{k}=0$，由此，将 $f(k) = k^\alpha$ 代入上式，可得：

$$k^* = \left[(n + g + \delta)/s \right]^{1/\alpha-1} \qquad (3-14)$$

$$y^* = \left[(n + g + \delta)/s \right]^{\alpha/\alpha-1} \qquad (3-15)$$

当单位有效劳动的实际投资 sf(k) 大于持平投资 (n+g+δ)k 时，k 上升；反之，k 下降；两者相等时，k 不变。随着新型城镇化进程的不断推进，对基础公共设施和服务需求增加，政府购买、政府投资比例加大，在索洛模型中，可知投资比例 s 增加至 s_{new}，使实际投资曲线由 sf（k）上移至 $s_{new}f$（k），k^* 上升至 k_{new}^*，如图 3-3 所示。

投资比例的提升改变了平衡增长路径，经济增长收敛于新的平衡增长路径，此时：

$$k_{new}^* = \left[(n + g + \delta)/ s_{new} \right]^{1/\alpha-1} \qquad (3-16)$$

$$y_{new}^* = \left[(n + g + \delta)/ s_{new} \right]^{\alpha/\alpha-1} \qquad (3-17)$$

由 $s_{new}>s$，可知 $k_{new}^*>k^*$，$y_{new}^*>y^*$，新型城镇化发展中资本投入增加，从

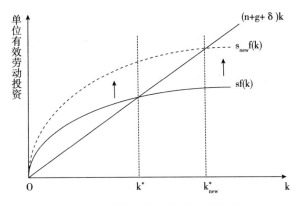

图3-3　投资比例上升对 k* 的影响

资料来源：由笔者绘制。

而推动经济收敛于更高水平的平衡增长路径，促进经济增长（见图3-4）。当然，资本投入率的变化不会带来经济长久性的增长，只能短暂性地影响经济增长率，对平衡增长路径上的产出变化作用缓慢，长期影响不大。

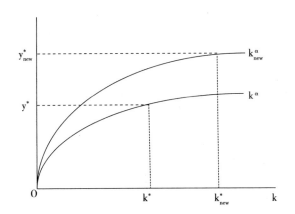

图3-4　资本投入增加促进经济增长的作用机理

资料来源：由笔者绘制。

二、通过农业人口转移发挥作用

随着新型城镇化发展进程的推进，农业生产效率会随之提升，向现代化农业转型，所需要的部门劳动力越来越少，农村与城镇两部门预期收入之差促使农村剩余劳动力继续向城镇不断转移，城镇非农产业不断吸收转移人口，生产更具规模化，消费结构变化又促使城镇服务业逐渐壮大，使产业不断升级，直至农业部门与非农部门劳动生产率持平。这部分转移劳动力构成新增劳动 L_S，新的劳动 $L'=L+L_S$，令 $\theta=L_S/L$，则 $L'=(1+\theta)L$。以索洛经济增长模型为基础，新的增长函数为：

$$Y = K^{\alpha}(AL')^{(1-\alpha)} \tag{3-18}$$

$$= K^{\alpha}[A(1+\theta)L]^{(1-\alpha)} \tag{3-19}$$

生产函数两端取对数：

$$\ln Y = \alpha\ln K + (1-\alpha)[\ln(1+\theta) + \ln A + \ln L] \tag{3-20}$$

由变量对数后的时间导数等于其增长率，得：

$$g_Y = \alpha g_K + (1-\alpha)[\ln(1+\theta) + g_A + g_L] \tag{3-21}$$

$$= \alpha g_K + (1-\alpha)[\ln(1+\theta) + g + n] \tag{3-22}$$

在索洛模型中，当经济处于平衡增长路径上时，$g_K = g_Y$：

$$g_Y^* = \ln(1+\theta) + g + n \tag{3-23}$$

已知 $\theta>0$，有 $\ln(1+\theta)>0$，$\ln(1+\theta)+g+n>g+n$。因此，新型城镇化发展通过促使农村剩余劳动力继续转移使经济增长收敛于新的平衡增长路径，在新的平衡增长路径上，产出的增长率上升至 $\ln(1+\theta)+g+n$，新型城镇化发展通过进一步释放农村闲置劳动，推动经济收敛于更高水平的平衡增长路径，促进经济增长。

三、通过创新效应发挥作用

城镇是新知识、新技术的交流中心，也是新需求的衍生地，容易激发创新能力，发挥创新效应，并可以用低成本溢出扩散，降低创新成本。具体而言，新型城镇化发展进程中，劳动者素质不断提升、产业不断升级，发挥了创新效应，使技术水平上升至 A'，在 A' 水平上，技术水平以 g' 速度增长（$A'>A$，$g'>g$），以索洛经济增长模型为基础，新的增长函数为：

$$Y = K^{\alpha}(A'L)^{(1-\alpha)} \tag{3-24}$$

生产函数两端取对数：

$$\ln Y = \alpha \ln K + (1 - \alpha)(\ln A' + \ln L) \tag{3-25}$$

由变量对数后的时间导数等于其增长率，得：

$$g_Y = \alpha g_K + (1 - \alpha)(g_{A'} + g_L) \tag{3-26}$$

在索洛模型中，当经济处于平衡增长路径上时，$g_K = g_Y$：

$$g_Y^* = g' + n \tag{3-27}$$

已知 $g' > g$，$g' + n > g + n$。因此，新型城镇化可以通过发挥创新效应，促进经济增长。

除此之外，新型城镇化发展还可以通过扩大消费、促进消费升级、推动产业结构优化等，促进经济增长。一方面，农业转移人口向城镇聚集的过程产生了大量的消费需求，促进了转移人口消费多元化和消费结构的优化，并形成消费惯性，扩大了内需；另一方面，新型城镇化发展可以促使日益过剩的传统产业向更高质量、更具创新性的方向转型，同时不断扩大第三产业占比，优化产业结构，促进经济增长。考虑本书研究视角和研究的核心内容，对其他因素不做详细分析。

第三节　新型城镇化发展缩小城乡收入差距促进公平的作用机制

新型城镇化发展中劳动力转移、产业结构变化、政策倾向的转变都会对城乡收入差距产生影响，带来收入分配方式及分配关系的改善或恶化，从而增进或降低福利水平。

一、通过劳动力转移发挥作用

劳动力由农村向城镇转移的根本目的是为了获取更高的工资报酬，农村剩余劳动转移规模与城乡预期收入差距呈正相关关系。在需求一定的条件下，城镇劳动力供给的增加会降低城镇劳动力实际工资水平，劳动力的乡城流动促使要素报酬均等化，从而进一步缩小城乡收入差距。同时，农村劳动力转移使从事农业生产的劳动力数量不断减少，有利于促进农业生产效率的提高和农业工资水平的提升。构建以下两部门模型分析新型城镇化发展通过促进劳动力转移影响城乡收入差距的作用机理：

假设1：整个社会由劳动力自由流动的城镇、农村两部门构成，两部门人口自然增长率为零。

假设2：城镇人口数量为 L_u，城镇人口人均收入为 I_u；农村人口数量为 L_r，农村人口人均收入为 I_r，总人口 $L=L_u+L_r$。

假设3：模型中考虑城乡工资增长变化和城乡人口转移造成的人口数量变化，设定城镇收入增长率为 θ_u，农村收入增长率为 θ_r，其中 $\theta_u>\theta_r$。由于我国城乡分割的户籍制度，农村劳动力在城镇化进程中演化为以下三种类型：第一，完全市民化。同时获得城镇户籍和城镇就业机会。假设此部分农村劳动力占比为 m，收入无异于城镇劳动力。第二，半市民化。该部分劳动力仅获得城镇就业机会，未获取城镇户籍。假设此部分农村劳动力占比为 n，收入增长率为 θ_{ur}。第三，农民。选择留守农村务农的劳动力。综合借鉴陆铭和陈钊（2004）及张义博和刘文忻（2012）的研究构建数理模型分析新型城镇化进程中劳动力转移对城乡收入差距的影响，初期城乡收入差距可用城乡收入的比值 I_{ur0} 表示：

$$I_{ur0} = I_{u0} / I_{r0} \tag{3-28}$$

随着新型城镇化发展的推进，农村剩余劳动力不断向城镇转移，城镇人口数量、人均收入发生变化，此时，

城镇收入水平 I_{u1}：

$$I_{u1} = I_{u0}(1 + \theta_u) \tag{3-29}$$

农村收入水平 I_{r1}：

$$I_{r1} = I_{r0} \cdot \frac{(1 + \theta_r)(1 - m - n) + (1 + \theta_{ur})n}{1 - m} \tag{3-30}$$

城乡收入差距 I_{ur1}：

$$I_{ur1} = \frac{I_{u0}}{I_{r0}} \cdot \frac{(1 + \theta_u)(1 - m)}{(1 + \theta_r)(1 - m - n) + (1 + \theta_{ur})n} \tag{3-31}$$

城乡收入差距变动系数 η：

$$\eta = \frac{(1 + \theta_u)(1 - m)}{(1 + \theta_r)(1 - m - n) + (1 + \theta_{ur})n} \tag{3-32}$$

可以根据式（3-32）计算得出的变动系数 η 判断城乡收入差距变化趋势，若 $\eta>1$，城乡收入差距相对扩大；若 $\eta=1$，城乡收入差距没有变化；若 $\eta<1$，城乡收入差距相对缩小。满足城乡收入差距 η 降低的条件是：其一，n 增加，这在传统城镇化进程中，意味着非城镇户籍的农业转移人口比例增多，这部分人在城镇获得较高收入，暂时性地拉升了农村平均收入水平，并不是真正意义上的农村收入水平提升。其二，θ_r、θ_{ur} 提升，若 $\theta_u>\theta_{ur}>\theta_r$，即城镇收入增长率始终高于农村收入增长率和半市民化状态的农业转移人口的收入增长率，则城乡收入差距会持续扩大，而当 θ_u 一定时，θ_r、θ_{ur} 提升，城乡收入差距扩大趋势减缓，甚至缩小。

新型城镇化发展的本质是人的城镇化，传统城镇化进程中普遍存在的半市民化现象在新型城镇化进程中势必减少，尤其是中西部地区作为农业转移人口输出大省，必然就近就地完成市民化进程。因此，在新型城镇化发展中，上文推理中未获取城镇户籍的农业转移人口 n 的比例将不断下降。新型城镇化发展通过劳动力转移缩小城乡收入差距的本质在于缩小、消除城乡收入增长率的差距，这是由于劳动力的乡城转移使城镇劳动力供给充足，城镇工资水平不断下降，城镇收入增长率降低，农村劳动力供给不断减少，农村收入增长率不断上升。同时，新型城镇化发展还可以通过促进农业现代化，提升农业生产率，间接促进农业收入增长率的提升。最终，城乡收入差距取决于趋向均衡的城乡收入增长率。在新型城镇化条件下，城乡收入差距变动系数 η_{new}：

$$\eta_{new} = \frac{1 + \theta_u}{1 + \theta_r} \tag{3-33}$$

二、通过产业结构变化发挥作用

新型城镇化发展是产业结构优化升级的重要载体和强大推动力，产业结构变化会改变要素边际报酬，从而影响收入分配。在传统城镇化进程中，低端产业、传统产业的产能过剩是我国经济结构调整中最突出的问题，新型城镇化发展要求产业发展向质量型、创新型转变，推动产业结构变化，从而影响城乡收入差距。《国家新型城镇化规划（2014—2020年）》中明确提出要发展战略新兴产业，推动产业升级，优化城市产业布局，推动具备一定规模体系的城市形成服务业为主的产业结构。[1] 工业化进程中，产业结构变迁的规律与城镇化发展的轨迹相辅相成，正如库兹涅茨所揭示的：工业化的初期和中期，农业在国民经济中占比不断下降，工业所占比重上升；而在工业化的后期，第二产业比重下降，第三产业比重将不断上升。传统城镇化对应着工业化的前半段，新型城镇化将推动产业结构进一步优化升级，形成以服务业为主的产业格局。

第一，农村居民收入水平提升是缩小城乡收入差距的关键因素之一。通过健全相关落户制度，积极推进农业转移人口市民化，进一步释放农业剩余劳动力。同时，通过深化土地制度改革，"三权分置"等土地政策的落实，使得土地规模化经营，推动农业现代化进程，实现第一产业要素边际报酬提升，从而缩小城乡收入差距。

第二，新型城镇化发展中第二产业发展对城乡收入差距的影响主要来源于两个方面。一方面，中西部地区承接东部沿海地区产业转移，其中，重点转移的是劳动密集型产业，可以创造新的就业岗位，吸纳部分农业剩余劳动力，有利于缩小城乡收入差距；另一方面，产能过剩的传统制造业向资本有机构成较高的高端制造业转型升级，资本对劳动的替代使得升级后的尖端工业对低端劳动力需求减少，可能会扩大城乡收入差距。因此，在新型城镇化发展中，工业产业对城乡收入差距的影响是双向的。

第三，第三产业所占比例上升是新型城镇化发展中产业结构变化的重要特征。服务业吸纳劳动力就业规模较大，也较为稳定，尤其是传统服务业进入门槛低，主要吸纳人力资本水平较低的农村剩余劳动力，有利于缩小城乡收入差距；而以现代科学技术尤其是信息网络技术为支撑的现代服务业，其

---

[1] 《国家新型城镇化规划（2014—2020年）》，《人民日报》2014年3月17日第9版。

劳动报酬率较高，但其行业的高技术含量特征和高人力资本要求对低端劳动力形成了一定的进入壁垒，并不利于城乡收入差距缩小。产业结构变化影响城乡收入差距的作用机理如图 3-5 所示。

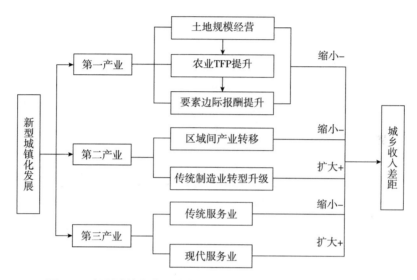

图 3-5　新型城镇化发展中产业结构变化对城乡收入差距的影响

资料来源：由笔者绘制。

新型城镇化发展可以通过产业结构优化影响城乡收入差距，产业结构优化一般表现为产业结构的合理化和产业结构的高级化。具体来说，产业结构合理化主要是反映产业间协调程度及资源利用程度，即聚合质量；产业结构高级化主要是基于克拉克定律衡量产业结构的升级程度，具体计算和衡量方法在后面的实证部分进行详细阐述。

三、通过政策倾向发挥作用

纵观我国城镇化发展的历史进程，制度性安排也在很大程度上影响了城乡收入差距。计划经济时代，重工业优先发展的非均衡发展战略符合当时的客观条件，但也奠定了城市偏向政策的基础。改革开放以来，"城市优先发展"的政策倾向也是城乡收入差距不断扩大的原因之一。

参考程开明和李金昌（2007）分析城市偏向政策影响城乡收入差距的福利函数模型，构建两部门福利函数说明政策倾向对城乡收入差距的影响。令W代表国民福利：

$$W = W(U, R) = W(U(G_U), R(G_R)) \tag{3-34}$$

其中，U代表城镇部门产出，R代表农村部门产出，G代表政府公共支出，由城镇公共支出G_U与农村公共支出G_R两部分构成（$G_U > 0$且$G_R > 0$）。则在一定政策倾向下，最优社会福利函数满足：

$$MaxW = W(U(G_U), R(G_R)) \tag{3-35}$$

$$s.t. \ G = G_u + G_R \tag{3-36}$$

对应的拉格朗日函数：

$$L = W(U(G_U), R(G_R)) - \lambda(G - G_u - G_R) \tag{3-37}$$

分别对G_U、G_R求偏导，则：

$$\frac{\partial W}{\partial U} \cdot \frac{\partial U}{\partial G_U} = \frac{\partial W}{\partial R} \cdot \frac{\partial R}{\partial G_R} \tag{3-38}$$

即国民福利取决于政府公共支出在两部门的分配比率。令城镇产出福利弹性系数$E_{W,U} = \frac{\partial W}{W} \cdot \frac{\partial U}{U}$，农村产出福利弹性系数$E_{W,R} = \frac{\partial W}{W} \cdot \frac{\partial R}{R}$，城镇公共支出的产出弹性系数$E_{U,G_U} = \frac{\partial U}{U} \cdot \frac{\partial G_U}{G_U}$，农村公共支出的产出弹性系数$E_{R,G_R} = \frac{\partial R}{R} \cdot \frac{\partial G_R}{G_R}$，即：

$$\frac{G_U}{G_R} = \frac{E_{W,U}}{E_{W,R}} \cdot \frac{E_{U,G_U}}{E_{R,G_R}} \tag{3-39}$$

根据相关研究测算结果：

$$\frac{E_{W,U}}{E_{W,R}} = \lambda \frac{U}{R} \tag{3-40}$$

其中，$\lambda > 0$，将式（3-40）代入式（3-39），可得：

$$\frac{U}{R} = \frac{1}{\lambda} \cdot \frac{G_U}{G_R} \cdot \frac{E_{R,G_R}}{E_{U,G_U}} \tag{3-41}$$

式（3-41）说明城乡产出比（即城乡收入差距）与政府在两部门公共支出（即政策倾向）呈正相关关系，即在城镇公共支出一定的条件下，提高或减少农村公共支出，有利于缩小或扩大城乡收入差距；而当农村公共支出一定时，提高或减少城镇公共支出，将扩大或缩小城乡收入差距。新型城镇化发展要求统筹城乡一体化发展，国家大力推进实施的乡村振兴战略对传统城镇化进程中的城市倾向政策进行了弥合，有利于缩小城乡收入差距。

第四节　新型城镇化发展提升人的可行能力促进人的发展的作用机制

新型城镇化发展的根本目的是回归城镇化发展的本质，为人的发展提供充分的保障条件和更为平等的机会，使得物质生活更加丰裕，精神文化生活更加丰富，促进人的全面自由发展。阿玛蒂亚·森认为人的本质在于自由，工具性自由涵盖了政治自由、经济条件、社会机会、透明性保证、防护性保障五个方面。根据我国实际国情和所处发展阶段，本书基于阿玛蒂亚·森的可行能力分析框架，认为新型城镇化会通过促进人的功能自由和能力自由，影响人的发展。用 PDI 表示人的发展，则 PDI 可以用式（3-42）来表示：

$$PDI = f(F(a_i), C(b_i)) \tag{3-42}$$

其中，$F(a_i)$ 表示人的发展中功能集合的元素集，$C(b_i)$ 为衡量能力的元素集，新型城镇化发展通过影响这些因素集合，促进人的发展。

一、通过提升人的功能发挥作用

阿玛蒂亚·森提出的可行能力方法将福利扩展到经济福利之外的机会、能力自由，根据阿玛蒂亚·森的可行能力理论，功能是人们所处的一种状态，即已经实现的客观福利。新型城镇化发展对人的功能自由的促进作用具体体现在住房、教育、健康、社会保障等多种客观条件的改善上。具体而言，政府通过促进农业转移人口落户城镇，提升基本公共服务，完善基础设施建设，改善生态环境等措施，全面促进转移人口的功能自由。相较农村而言，农业转移人口通过身份的乡城转变，其客观生活条件得以改善，潜在的机会更加多样化，享受城镇公共基础设施、教育、医疗、社会保障等，福利水平提升，其功能自由得以拓展。

功能集合中教育、健康、保障程度等都是不可或缺的基础因素，教育投入和教育程度在很大程度上决定了微观个体的收入水平和就业水平；健康状态是个体功能自由中最基本的元素，健康的身心是展开一切经济社会活动的基础；保障程度作为公平的一种补偿制度或补偿措施，在功能集合中也尤为重要。可行能力方法本身也是一种较为主观和复杂的方法，阿玛蒂亚·森并没有在此分析方法中确定具体的功能指标和能力指标，也并未确定具体的计算方法。但从相关定义和分析中，我们可以得出，人们所处的客观生活状态的提升即为其功能自由的拓展。新型城镇化发展通过加大在教育、医疗、公共安全、社会保障等多个维度的投入，客观改善人们所处的生活状态，促进人的功能自由。

二、通过提升人的能力发挥作用

能力是在获得一定功能的基础上可以获取的潜在福利，也是未来可能实现更多功能的条件和机会。新型城镇化也可以为能力自由提供一定的条件和机遇，通过提供更多的社会机会、透明性担保、防护性保障等促进人的能力自由。具体而言，微观个体的人力资本水平、居住状态、婚姻状态等变化都可能影响其能力自由。新型城镇化中劳动力供需关系的改变提升了对劳动力人力资本水平的要求，促使整个社会平均受教育年限提高，人们在未来获得潜在功能的能力就越高；居住状态也是微观福利的重要组成部分，居住房屋的拥挤程度、功能的完善性、舒适度等影响着居民的生活便利程度及身心健康，新型城镇化发展可能会改善传统城镇化中较为恶劣的居住环境。除此之外，离婚率、环境污染等众多因素都会对能力自由产生影响。

从相关定义和分析中，可以看出，人们能够实现未来功能的条件和机会即为能力的拓展。新型城镇化发展通过影响微观个体的人力资本水平、居住环境、生态环境等多方面，提升其能力，促进人的能力自由。新型城镇化发展的本质是人的城镇化，其对人的发展的影响可以通过对人的功能和能力的影响来实现。

第四章 新型城镇化发展质量指标体系构建及测度

新型城镇化发展质量作为本书实证研究的唯一核心解释变量，为后面四章实证分析奠定了研究基础。第五章基于国民福利视角实证分析新型城镇化发展的经济增长效应，将新型城镇化发展质量作为核心解释变量，经济增长作为被解释变量，展开研究；第六章基于公平视角实证分析新型城镇化发展对城乡收入差距的影响，将新型城镇化发展质量作为核心解释变量，城乡收入差距作为被解释变量，展开研究；第七章基于可行能力视角实证分析新型城镇化发展对人的发展的影响，将新型城镇化发展质量作为核心解释变量，人的发展作为被解释变量，展开研究；第八章对新型城镇化发展的多维福利进行综合检验，同样将新型城镇化发展质量作为核心解释变量，将可观测变量经济增长、城乡收入差距、人的发展及潜在变量多维福利作为被解释变量，进行综合检验。本章对第五章至第八章实证分析中的核心解释变量——新型城镇化发展质量展开综合测度，作为全书实证研究的基点。首先，对我国新型城镇化发展现状进行分析；其次，基于新发展理念构建3层次6维度42项指标的质量测度体系；最后，采用改进的熵值法对2008—2017年我国新型城镇化发展质量进行综合测度，并对测度的具体结果进行分析评价。

第一节 新型城镇化发展现状

18世纪60年代的工业革命引发了史无前例的技术革新，推动了生产力快速发展，开启了世界范围的工业化进程。工业化发展既需要人口相对聚集的劳动力市场，又需要空间集中的工业产品销售市场，自此，世界城市化进程快速发展。改革开放以来，我国城镇化从初期的稳速发展到 2000 年以后逐渐进入加速发展阶段。自《国家新型城镇化规划（2014—2020 年）》正式提出以后，我国城镇化发展从注重发展速度的传统城镇化模式向以人为核心的新型城镇化发展转型。

一、城镇化发展阶段与发展进程

美国经济地理学家诺瑟姆通过考察很多国家的城市化进程，试图探寻城市化发展的一般规律。他提出，城市化进程中城市人口比重的变化呈"S"形动态变化，认为城市化进程一般要经历三个发展阶段：一是起始阶段，此阶段为城市化水平较低的阶段。通常，城市化水平低于 30% 的阶段为城市化发展的起始阶段。此时，城市化发展较为缓慢且以传统农业为主导产业。二是加速阶段，当城市化率超过 30% 时，随着工业化进程的不断推进，农村剩余劳动力不断向城市转移，城市人口比例不断上升，城市规模和数量迅速扩大，第二产业成为经济发展的主导力量，但不再是城市化发展的唯一动力，第三产业迅速崛起。三是城市化发展的后期阶段，当城市化率超过 70% 以上，城市化发展空间相对有限，城市发展速度放缓，趋于稳定，城市人口增长趋于停滞，甚至可能出现"逆城市化"现象。诺瑟姆总结了城市化进程的一般规律，即大多数国家城市化进程的推进如同一条被稍稍拉平的 S 曲线，呈现一定的发展规律，如图 4-1 所示。

2008—2017 年，我国常住人口城镇化率从 45.7% 上升至 58.52%，共上升 12.82%，城镇化发展迅速。在我国城镇化进程快速推进的同时，也存在区域发展不均衡及常住人口城镇化率与户籍人口城镇化率不同步的问题，2017 年我国户籍人口城镇化率仅为 42.35%，仍远远低于常住人口城镇化率。总体上来看，我国城镇化进程仍处于城市化发展 S 曲线中的加速阶段，在此阶段提出与传统城镇化发展有着本质区别的新型城镇化发展，有利于城镇化发展向"以人为本"的质量型发展积极转型。

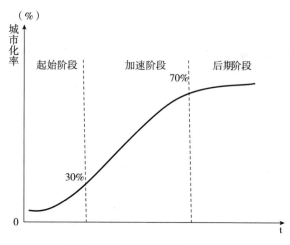

图 4-1 城市化发展的 S 曲线

资料来源：由笔者绘制。

二、我国新型城镇化发展现状

改革开放 40 多年来，我国城镇化率从 1978 年的 17.92% 上升至 2019 年的 60.6%，城镇化进程得以快速推进。然而，随着我国宏观经济背景的不断变化，传统城镇化模式带来的经济、社会问题也层出不穷。党的十八大首次正式提出新型城镇化[①]，2014 年发布的《国家新型城镇化规划（2014—2020年）》又明确了新型城镇化的发展路径、主要目标和战略任务，提出了全面提高城镇化发展质量的新要求，[②] 自此，我国城镇化发展迈入新阶段，创新能力不断提升、城乡发展日趋协调、生态环境日益改善、开放层次逐步拓深、基本公共服务不断完善，经济社会发展成绩斐然。2017 年，国内生产总值达 832035.9 亿元，比 2008 年的 319244.6 亿元，上升了 161%；全社会固定资产投资达 641238.39 亿元，年均增长超过 27%；进出口总额年均增长 6.02%；我国的经济结构也在发生积极变化，第三产业所占比重由 2008 年的

---

① 李克强：《政府工作报告》，《人民日报》2014 年 3 月 15 日第 1 版。
② 《国家新型城镇化规划（2014—2020 年）》，《人民日报》2014 年 3 月 17 日第 9 版。

41.8%上升至 2017 年的 51.9%，提高了 10.1 个百分点。① 总体上来看，我国城镇化进程仍处于城市化发展 S 曲线中的加速阶段，逐渐从传统城镇化转向新型城镇化发展，城镇化发展进入质量型发展阶段。为全面了解我国新型城镇化发展的总体状况，从创新能力、区域协调、生态环境、开放层次及基本公共服务这五个方面展开分析。

1. 创新能力不断提升

2008—2017 年，随着新型城镇化发展质量的提高，我国工业企业创新能力不断提升，专利申请授权量、规模以上工业企业 R&D 经费、技术市场成交额、规模以上工业企业新产品开发项目数等多项指标均实现两位数增长。以专利申请授权量与技术市场成交额为例，2008—2017 年，国内专利申请授权量从 35.24 万项上升至 172.08 万项，年均增长率为 19.27%；技术市场成交额从 2665.23 亿元增加至 13424.22 亿元，年均增长率为 19.68%，均呈现出迅速提升的趋势，创新动力强劲，如图 4-2 所示。

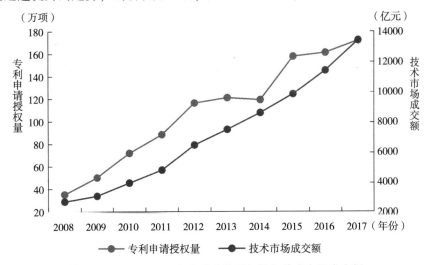

图 4-2　2008—2017 年专利申请授权量与技术市场成交额

资料来源：由笔者绘制。

----

① 本章图表的数据主要来源于历年《中国统计年鉴》、各省统计年鉴及中国经济与社会发展统计数据库等，部分数据经计算得出，图表中不再一一标明数据来源。

2. 城乡发展日趋协调

城乡协调发展是城镇化发展到一定阶段的必然要求，也是经济社会健康发展的基本前提。2008—2017 年，我国城乡发展日趋协调，城乡居民人均收入比、城乡居民人均消费支出比、城市居民最低生活保障人数、农村居民最低生活保障人数等均不断下降。以城乡居民人均收入比与城乡居民人均消费支出比为例，2008—2017 年，城乡居民人均收入比从 3.11 下降至 2.71，年均下降率为 1.52%；城乡居民人均消费支出比从 3.07 下降至 2.23，年均下降率为 3.49%，城乡发展更趋协调，如图 4-3 所示。

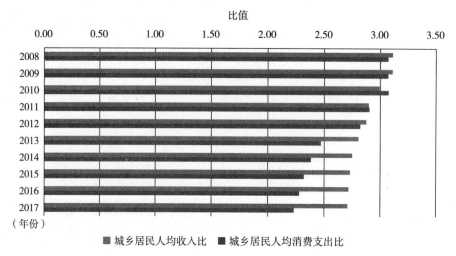

图 4-3 2008—2017 年城乡居民人均收入比与城乡居民人均消费支出比

资料来源：由笔者绘制。

3. 生态环境日益改善

2008—2017 年，我国森林覆盖率、城镇建成区绿化覆盖率、人均公园绿地面积及工业污染治理投资不断提升，"三废"排放量不断下降。以生活垃圾无害化处理率与人均公园绿地面积为例，2008—2017 年，生活垃圾无害化处理率从 66.8% 上升至 97.7%，年均增长率为 4.31%；人均公园绿地面积从每人 9.71 平方米上升至每人 14.01 平方米，年均增长率为 4.16%，生态环境日益改善，如图 4-4 所示。

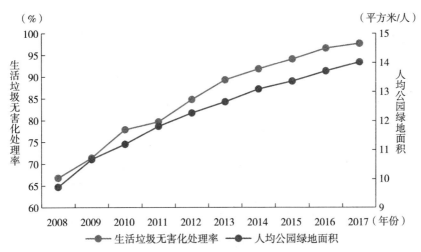

图 4-4　2008—2017 年生活垃圾无害化处理率与人均公园绿地面积

资料来源：由笔者绘制。

4. 对外开放层次拓深

改革开放是我国城镇化进程的起点，进一步拓深对外开放的层次是新型城镇化高质量发展的必由之路，2008—2017 年，我国进出口总额、外商投资企业数、国际旅游外汇收入、外商投资企业注册数等都得以持续提升。以进出口总额与国际旅游外汇收入为例，2008—2017 年，进出口总额从25632.55 亿美元上升至 41045.04 亿美元，年均增长率为 5.37%；国际旅游外汇收入从 40843 百万美元上升至 123417 百万美元，年均增长率为13.07%，随着"一带一路"倡议的不断推进，我国开放层次不断拓深，逐渐形成对外开放的新格局，如图 4-5 所示。

5. 公共服务不断完善

新型城镇化发展的本质是人的城镇化，通过公共服务的不断完善，提升农业转移人口的公共服务供给，促使城镇人口和农业转移人口享有均等化的公共服务。2008—2017 年，我国城镇医疗卫生、教育、社会保障等公共服务都得以不断完善。以医疗卫生机构床位数、公共图书馆业机构数及每万人拥有公共交通工具数量为例，2008—2017 年，三项指标均呈现不断上升的趋

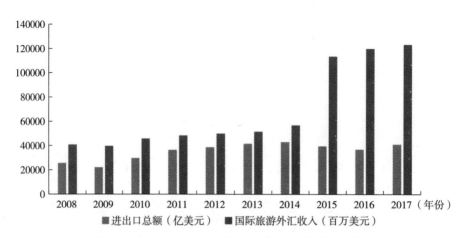

图 4-5 2008—2017 年进出口总额与国际旅游外汇收入

资料来源：由笔者绘制。

势，公共服务不断完善，如图 4-6 所示。

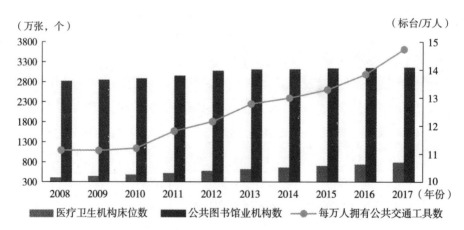

图 4-6 2008—2017 年医疗机构床位数、公共图书馆业机构数、

每万人拥有公共交通工具数

资料来源：由笔者绘制。

第二节　新型城镇化发展质量指标体系构建

对新型城镇化发展质量进行测度，应选取多个维度，本书依据科学性、综合性、代表性及可操作性的基本原则，构建 6 维度 42 项指标的测度体系，采用改进熵值法对新型城镇化发展质量进行测度。

一、数据来源及指标选取原则

由于新型城镇化与传统城镇化内涵差异较大，同时，基于《国家新型城镇化规划（2014—2020 年）》提出的背景及时间，本书主要选取 2008—2017 年相关数据展开研究，主要数据来源于《中国统计年鉴》、各省统计年鉴及中国经济与社会发展统计数据库等。部分数据经计算得出，缺失数据采用移动平均法填充。新型城镇化发展质量体现在多个维度，目前并无统一的测度标准，本书根据《国家新型城镇化规划（2014—2020 年）》提出的背景，认为新型城镇化发展质量测度指标体系的构建应主要依据以下四大基本原则。

1. 科学性原则

基于科学的理论方法，选择能够区别于传统城镇化模式，突出经济社会重点发展方向，并可以较为全面地反映新型城镇化发展核心内涵的多维指标，表征层指标能够科学、客观、真实地反映维度层指标的指征，维度层具有较强针对性，直属于目标层。

2. 综合性原则

新型城镇化发展质量测度指标体系是涵盖多维度指标的有机整体，各分维度既有各自的鲜明特征，又相互关联、相互影响。因此，相关指标体系的构建要遵循系统化思维，以经济发展为基础，从"创新、协调、绿色、开放、共享"五大发展理念着手选择具有代表性的各项指标，构建目标层、维度层、表征层的多层次指标框架体系，从而全面、客观、系统地反映新型城镇化发展内涵。

3. 代表性原则

新型城镇化发展质量测度指标体系包含众多具体指标，因此，在选取具体指标时，应挑选具有典型代表性、能够反映各维度主要特征的指标，避免指标过多甚至冗余。

4. 可操作性原则

指标体系构建还应具备可操作性，即确保数据的真实性、科学性、可靠性，测度、统计、量化的可行性，剔除无稳定数据来源或无法量化的指标。同时，简洁明了、易于理解，能够较为真实和客观地反映出新型城镇化发展质量。

二、基于新发展理念的测度指标体系构建

基于新发展理念，构建 3 层次 6 维度包含 42 项具体指标的新型城镇化发展质量综合测度体系。具体而言：目标层是经过计算得出新型城镇化发展质量得分；维度层在经济维度的基础上，选取包括"创新、协调、绿色、开放、共享"新发展理念所涉及的五个方面；表征层是根据维度层选取相关可获取或可计算公开数据的具体指标。根据科学性、综合性、代表性、可操作性的基本原则，在指标选取时尽可能选取既能够涵盖新型城镇化发展的内涵特征又符合新发展理念具体要求的相关指标，具体如表 4-1 所示。

表 4-1　新型城镇化发展质量测度指标体系

目标层	维度层	表征层	指标权重	属性
新型城镇化发展质量指标体系	经济（E）0.1286	E_1：人均 GDP（元）	0.0157	正向
		E_2：地方财政一般预算收入（亿元）	0.0247	正向
		E_3：全社会固定资产投资（亿元）	0.0214	正向
		E_4：第三产业产值比重（%）	0.0121	正向
		E_5：城镇居民人均可支配收入（元）	0.0169	正向
		E_6：城镇单位在岗职工平均工资（元）	0.0164	正向
		E_7：居民消费水平	0.0214	正向

目标层	维度层	表征层	指标权重	属性
新型城镇化发展质量指标体系	创新（I）0.2827	I_1：国内专利申请授权量（件）	0.0573	正向
		I_2：规模以上工业企业 R&D 经费（万元）	0.0468	正向
		I_3：技术市场成交额（亿元）	0.0824	正向
		I_4：私营工业企业单位数（个）	0.0398	正向
		I_5：信息传输、软件和信息技术服务业法人单位数（个）	0.0477	正向
		I_6：规模以上工业企业新产品开发项目（项）	0.0087	正向
	协调（C）0.1347	C_1：城镇人口比重（%）	0.0255	正向
		C_2：城镇登记失业率（%）	0.0043	负向
		C_3：城乡居民人均收入比（以农村为1）	0.0040	负向
		C_4：城乡居民人均消费支出比（以农村为1）	0.0143	负向
		C_5：城市居民最低生活保障人数（万人）	0.0085	负向
		C_6：农村居民最低生活保障人数（万人）	0.0246	负向
		C_7：城镇就业人数（万人）	0.0536	正向
	绿色（G）0.2964	G_1：建成区绿地覆盖率（%）	0.0685	正向
		G_2：生活垃圾无害化处理率（%）	0.0501	正向
		G_3：森林覆盖率（%）	0.0582	正向
		G_4：人均公园绿地面积（平方米/人）	0.0858	正向
		G_5：废水排放量（万吨）	0.0070	负向
		G_6：SO_2 排放量（万吨）	0.0099	负向
		G_7：工业污染治理完成投资（万元）	0.0170	正向
	开放（O）0.0652	O_1：外商投资企业数（户）	0.0142	正向
		O_2：经营单位所在地进出口总额（千美元）	0.0142	正向
		O_3：国际旅游外汇收入（百万美元）	0.0074	正向
		O_4：外商投资企业注册资本（百万美元）	0.0136	正向
		O_5：外商投资企业进出口总额（千美元）	0.0159	正向

续表

目标层	维度层	表征层	指标权重	属性
新型城镇化发展质量指标体系	共享（S）0.0924	S_1：公共财政一般服务支出比例（%）	0.0224	正向
		S_2：每万人拥有卫生技术人员数（人）	0.0278	正向
		S_3：人均教育经费支出（元）	0.0024	正向
		S_4：公共图书馆业机构数（个）	0.0110	正向
		S_5：每万人拥有公共厕所（座）	0.0052	正向
		S_6：人均城市道路面积（平方米）	0.0051	正向
		S_7：每万人拥有公共交通工具数量（标台/万人）	0.0058	正向
		S_8：地方财政一般公共服务支出（亿元）	0.0055	正向
		S_9：城镇职工基本医疗保险年末参保人数（万人）	0.0026	正向
		S_{10}：在职职工参加养老保险人数（万人）	0.0046	正向

第三节　新型城镇化发展质量综合测度

一、新型城镇化发展质量的测度方法

新型城镇化发展质量目前尚无统一的测度标准，具体测度的难点在于其各个表征指标权重的确定。目前相关研究中采用的赋权方法主要有三种：主观赋权法、客观赋权法、两者相结合的方法。主观赋权法是由相关领域专家根据主观经验判断赋予各指标权重，例如层次分析法、专家打分法、模糊综合评判法等，受主观因素影响大，较为随意，往往受到个人认知的局限。客观赋权法根据各指标的具体信息通过一系列的计算得出相关权重，如均方差法、主成分分析法、熵值法、灰色关联法等。主观赋权与客观赋权相结合的方法是将以上两种方法结合起来。

本书采取计算方法复杂但较为客观合理的客观赋权法对新型城镇化发展

第四章　新型城镇化发展质量指标体系构建及测度

质量进行测度。

1. 矩阵构建

假设待测度某区域 m 年的新型城镇化发展质量，测度指标体系包括 n 个维度，$x_{ij}(i=1, 2, \cdots, m; j=1, 2, \cdots, n)$ 为第 i 个区域第 j 项指标的数值，可形成测度系统初始矩阵 A，如下：

$$A = \begin{bmatrix} x_{11} & \cdots & x_{1n} \\ \vdots & \ddots & \vdots \\ x_{m1} & \cdots & x_{mn} \end{bmatrix} \tag{4-1}$$

2. 无量纲化

本书数据中既有正向指标，也包含负向指标，各指标单位也不尽相同，需要对数据进行无量纲化，正负向指标的极值法无量纲处理如下所示。

正向指标：

$$x'_{ij} = \frac{x_{xj} - \min(x_{1j}, x_{2j}, \cdots, x_{mj})}{\max(x_{1j}, x_{2j}, \cdots, x_{mj}) - \min(x_{1j}, x_{2j}, \cdots, x_{mj})} \tag{4-2}$$

逆向指标：

$$x'_{ij} = \frac{\max(x_{1j}, x_{2j}, \cdots, x_{mj}) - x_{xj}}{\max(x_{1j}, x_{2j}, \cdots, x_{mj}) - \min(x_{1j}, x_{2j}, \cdots, x_{mj})} \tag{4-3}$$

处理后的新矩阵如下：

$$A' = \begin{bmatrix} x'_{11} & \cdots & x'_{1n} \\ \vdots & \ddots & \vdots \\ x'_{m1} & \cdots & x'_{mn} \end{bmatrix} \tag{4-4}$$

其中，$x'_{ij} \in [0, 1]$。

3. 确定比重

计算第 j 个指标占 i 个评价对象的比重：

$$p_{ij} = x'_{ij} \Big/ \sum_{i=1}^{m} x'_{ij} \tag{4-5}$$

其中，$p'_{ij} \in [0, 1]$。

· 77 ·

4. 计算熵值

计算第 j 项指标的熵值：

$$e_j = -k \sum_{i=1}^{m} p_{ij} \ln(p_{ij}) \tag{4-6}$$

其中，常数与样本数 m 有关，令 $k = 1/\ln m > 0$，则 $e_j \in [0, 1]$。

5. 差异系数

计算第 j 项指标的差异系数：

$$g_j = 1 - e_j \tag{4-7}$$

熵值越小，差异系数越大，指标的重要程度越高；反之亦然。

6. 计算权重

计算各指标所占权重：

$$w_j = g_j / \sum_{j=1}^{n} g_j \tag{4-8}$$

7. 新型城镇化发展质量综合得分

第 i 个区域新型城镇化发展的综合得分：

$$s_i = \sum_{j=1}^{n} w_j \, p_{ij \times 10000} \tag{4-9}$$

以上改进熵值法可以根据指标离散程度确定权重，指标离散程度越大，熵值越小，对应的权重越大，即该指标对新型城镇化发展质量综合得分的影响越大；指标离散程度越小，熵值越大，对应权重越小，即该指标对新型城镇化发展质量综合得分的影响越小。由改进熵值法计算出的综合得分越高，说明区域新型城镇化发展质量越高；综合得分越低，则说明区域新型城镇化发展质量越低。

二、新型城镇化发展质量的测度结果

采用改进熵值法，用 Stata14 程序进行具体测度，结果显示，新型城镇化发展在经济、创新、协调、绿色、开放、共享六个维度的权重分别为 12.86%、28.27%、13.47%、29.64%、6.52% 和 9.24%。再经过加权计算，全国及四大区域板块和 30 个省（自治区、直辖市）2008—2017 年新型城镇化发展质量测度结果如表4-2及表4-3所示。

表4-2　全国及四大板块新型城镇化发展质量测度结果

区域＼年份	2008	2009	2010	2011	2012	2013	2014	2015	2016	2017	均值	排名
全国	17.26	18.17	21.02	23.99	26.94	29.27	31.33	34.70	37.39	41.46	28.15	—
东部地区	34.93	36.22	42.57	48.55	53.39	57.46	61.00	65.02	69.24	76.99	54.54	1
中部地区	10.90	11.84	13.24	15.35	17.80	20.30	22.11	24.42	27.26	31.27	19.45	2
东北地区	13.94	14.68	15.86	17.66	19.52	20.64	20.91	20.74	21.62	23.62	18.92	3
西部地区	7.36	8.01	9.08	10.71	12.48	14.20	15.75	16.64	18.19	20.16	13.26	4

表4-3　各省（自治区、直辖市）新型城镇化发展质量测度结果①

区域＼年份	2008	2009	2010	2011	2012	2013	2014	2015	2016	2017	均值	排名
广东省	80.05	80.26	95.50	106.53	117.03	126.97	131.62	139.22	147.40	169.91	119.45	1
江苏省	56.59	59.03	72.79	84.96	94.06	94.76	98.57	104.94	111.26	123.33	90.03	2
北京市	42.69	45.46	52.87	60.84	69.07	79.51	83.81	90.00	96.21	105.86	72.63	3
上海市	47.23	48.06	55.90	62.03	64.37	66.42	72.00	76.99	82.48	88.37	66.38	4
浙江省	36.23	38.95	44.93	50.72	57.56	62.16	65.83	71.85	74.18	82.83	58.52	5
山东省	32.08	33.20	38.37	43.90	48.23	51.36	57.17	59.20	65.50	72.19	50.12	6
福建省	19.11	19.96	22.97	26.54	30.06	32.45	34.80	38.19	40.74	45.45	31.03	7
辽宁省	21.96	23.14	25.35	28.21	31.67	32.42	32.66	31.69	32.28	35.49	29.49	8
天津市	18.09	18.24	21.00	24.89	27.49	30.92	33.73	36.29	38.33	40.09	28.91	9
湖北省	12.42	14.31	16.22	18.34	21.56	25.82	30.41	35.17	39.37	43.87	25.75	10
四川省	13.06	14.98	16.93	19.43	23.06	24.48	26.86	28.55	31.01	35.56	23.39	11
河南省	12.29	13.29	14.39	17.18	20.28	23.13	25.66	27.76	31.81	35.49	22.13	12
安徽省	11.32	12.23	14.04	17.16	20.31	23.46	25.01	27.45	30.50	35.68	21.72	13
陕西省	9.24	10.82	12.91	16.07	19.46	23.76	26.36	28.75	31.29	34.51	21.32	14
河北省	12.59	13.87	15.02	17.17	18.58	20.81	22.68	23.36	24.44	28.93	19.74	15

①　由于数据获取的有限性，测度结果不包含西藏自治区。

续表

年份 区域	2008	2009	2010	2011	2012	2013	2014	2015	2016	2017	均值	排名
湖南省	11.14	12.25	13.69	15.42	17.61	19.00	20.71	22.46	24.41	29.58	18.63	16
重庆市	7.96	8.77	10.61	13.17	15.86	18.92	22.23	22.61	25.40	26.53	17.21	17
江西省	8.96	9.57	11.09	12.88	14.19	15.48	16.95	18.92	21.29	24.18	15.35	18
黑龙江省	11.21	11.69	12.29	13.79	14.88	15.90	16.26	16.19	16.89	18.15	14.72	19
内蒙古 自治区	8.94	9.82	10.41	12.45	14.03	16.02	17.40	16.80	17.97	19.51	14.33	20
广西壮族 自治区	8.01	8.96	9.84	11.42	12.64	13.81	15.01	16.63	18.20	20.28	13.48	21
山西省	9.39	9.49	10.06	11.18	12.90	14.89	13.95	14.84	16.27	18.85	13.18	22
云南省	7.55	8.13	9.07	10.42	12.35	13.84	14.84	16.25	18.13	21.24	13.18	23
吉林省	8.63	9.18	9.92	10.94	11.96	13.54	13.78	14.29	15.65	17.19	12.51	24
新疆维吾 尔自治区	6.60	6.69	7.31	8.77	9.70	11.13	12.26	12.84	13.51	14.86	10.37	25
海南省	5.35	5.92	6.97	8.53	9.32	10.00	10.52	10.94	12.53	13.60	9.37	26
贵州省	5.55	5.15	5.78	6.98	8.35	9.71	10.76	11.95	12.80	15.17	9.22	27
甘肃省	4.74	5.26	5.82	6.68	8.34	9.64	10.48	10.73	11.97	12.81	8.65	28
宁夏回族 自治区	4.63	4.62	5.84	6.26	6.78	7.78	8.87	9.02	10.15	10.99	7.50	29
青海省	4.87	5.20	5.60	6.51	6.94	7.35	8.35	8.97	9.65	10.31	7.37	30

第四节　新型城镇化发展质量的分析评价

一、"四大板块"区域范围的具体划分

从"六五"计划及"两个大局"确立东部沿海地区优先发展战略开始，到1999年中央明确提出"西部大开发"，再到2003年的"振兴东北等老工

业基地",直至 2006 年提出促进"中部地区崛起",改革开放以来,我国逐步形成了东部、中部、西部、东北四大区域板块。"四大板块"是对改革开放初期东、中、西部地区"三大板块"的战略升级,随着新增长极的不断形成,"三大板块"无法全面反映区域经济发展差异,2015 年的政府工作报告中明确提出统筹实施"四大板块"和"三个支撑带"战略,[①]"四大板块"的区域划分有助于推进区域协调发展,统筹我国区域不平衡的国情。"四大板块"即东部地区、东北地区、中部地区和西部地区。东部地区包括:北京市、天津市、河北省、上海市、江苏省、浙江省、福建省、山东省、广东省和海南省;东北地区包括:辽宁省、吉林省和黑龙江;中部地区包括:山西省、安徽省、江西省、河南省、湖北省和湖南省;西部地区包括:内蒙古自治区、广西壮族自治区、重庆市、四川省、贵州省、云南省、西藏自治区、陕西省、甘肃省、青海省、宁夏回族自治区和新疆维吾尔自治区。香港、澳门、台湾未纳入"四大板块"。由于数据获取的局限性,本书不包含西藏自治区,如表 4-4 所示。

表 4-4 "四大板块"区域划分

四大板块	区域范围
东部地区	北京市、天津市、河北省、上海市、江苏省、浙江省、福建省、山东省、广东省、海南省
东北地区	辽宁省、吉林省、黑龙江省
中部地区	山西省、安徽省、江西省、河南省、湖北省、湖南省
西部地区	内蒙古自治区、广西壮族自治区、重庆市、四川省、贵州省、云南省、西藏自治区、陕西省、甘肃省、青海省、宁夏回族自治区、新疆维吾尔自治区

二、新型城镇化发展质量的横纵向对比分析及评价

从表 4-2 及表 4-3 中新型城镇化发展质量的测度结果来看,2008—2017

---

① 李克强:《政府工作报告》,《人民日报》2015 年 3 月 17 日第 1 版。

年，全国各省（自治区、直辖市）新型城镇化发展质量总体上呈现显著上升趋势，但上升的速度有所差别。各省（自治区、直辖市）新型城镇化发展质量差异较大，从新型城镇化发展质量得分的均值来看，发展质量得分最低的青海省与发展质量得分最高的广东省相差有15倍之多。

1. 横向对比：四大板块新型城镇化发展质量呈阶梯式不均衡分布状态

新型城镇化发展质量呈现由东部、中部、东北到西部地区递减的阶梯式不均衡分布状态。根据表4-3的测度结果，将2017年我国30个省（自治区、直辖市）新型城镇化发展质量综合得分 S_i 划分为三个类别：高质量发展型（$S_i>50$）、质量协调型（$20<S_i\leqslant50$）、质量滞后型（$S_i\leqslant20$），如表4-5所示。

表4-5 2017年各省（自治区、直辖市）新型城镇化发展质量类型

质量类型	高质量发展型	质量协调型	质量滞后型
S_i 值	$S_i>50$	$20<S_i\leqslant50$	$S_i\leqslant20$
省（自治区、直辖市）	广东省、江苏省、北京市、山东省、上海市、浙江省	福建省、辽宁省、天津市、湖北省、四川省、河南省、安徽省、陕西省、河北省、湖南省、重庆市、江西省、广西壮族自治区、云南省	黑龙江省、内蒙古自治区、山西省、吉林省、新疆维吾尔自治区、海南省、贵州省、甘肃省、宁夏回族自治区、青海省

结果显示：其一，2017年新型城镇化高质量发展型的6个省（直辖市）均属于东部地区，并且其新型城镇化发展质量在2008—2017年的均值也均高于50，说明高质量发展型的省（直辖市）城镇化发展质量处于稳定、成熟的发展阶段；其二，2008—2017年，新型城镇化发展质量均值处于质量协调发展区间的有8个省份，而2017年新型城镇化发展质量协调型的省（自治区、直辖市）达到了14个，中部地区、西部地区一些省（自治区）新型城镇化发展质量正处于由滞后型向协调型提升的关键阶段；其三，10个质量滞后型省（自治区）主要集中在东北和西部地区，其中5省（自治区）2017年新型城镇化发展质量得分超过15，正处于向质量协调型转变的提升过程。

2. 纵向对比：四大板块新型城镇化发展潜力差异明显，总体向均衡化发展靠拢

从四大板块来看，中部地区 2017 年新型城镇化发展质量是 2008 年的 2.87 倍，是四大板块中新型城镇化发展质量提升最快的区域；西部地区也呈现出强劲的发展势头，其 2017 年新型城镇化发展质量是 2008 年的 2.74 倍；新型城镇化发展质量最高的东部地区在发展速度上有趋缓态势，2017 年新型城镇化发展质量是 2008 年的 2.20；发展质量提升最慢的区域是东北地区，其 2017 年新型城镇化发展质量是 2008 年的 1.69 倍。

用 P_i 表示 i 省域新型城镇化发展质量提升潜力，S_{i2008} 为测度 2008 年 i 省（自治区、直辖市）新型城镇化发展质量综合得分，S_{i2017} 为测度 2017 年 i 省（自治区、直辖市）新型城镇化发展质量综合得分，令 $P_i = S_{i2017}/S_{i2008}$，根据表 4-3 测度结果，将我国 30 个省（自治区、直辖市）新型城镇化发展质量提升潜力 P_i 划分为三个类别：较高潜力型（$1.5 < P_i \leqslant 2.0$）、中等潜力型（$2.0 < P_i \leqslant 2.7$）、较低潜力型（$2.7 < P_i \leqslant 3.8$），如表 4-6 所示。

表 4-6　新型城镇化发展质量提升潜力划分

提升潜力划分	较高潜力型	中等潜力型	较低潜力型
P_i 值	$2.7 < P_i \leqslant 3.8$	$2.0 < P_i \leqslant 2.7$	$1.5 < P_i \leqslant 2.0$
区域	甘肃省、四川省、贵州省、云南省、河南省、安徽省、重庆市、湖北省、陕西省	山西省、青海省、广东省、江苏省、内蒙古自治区、天津市、山东省、新疆维吾尔自治区、浙江省、河北省、宁夏回族自治区、福建省、北京市、广西壮族自治区、海南省、湖南省、江西省	辽宁省、黑龙江省、上海市、吉林省

结果表明：其一，2008 年以来，新型城镇化发展质量提升速度较高的区域集中于中西部地区的 9 个省市，这些区域以其后发优势迅速发展，新型城镇化发展质量不断提升，10 年间新型城镇化发展质量平均提升 2 倍以上，属于新型城镇化发展质量提升的较高潜力类型。其二，新型城镇化发展质量提

升潜力处于中等区间的有 17 个省（自治区、直辖市），包括了除上海市外所有东部地区的省市、3 个中部省份以及 5 个西部省区。东部地区大多省市属于新型城镇化高质量发展型，在发展速度上有所趋稳回落，这是由其城镇化发展阶段决定的，这些发达省市的城镇化发展大多已处于诺瑟姆曲线城市化发展的成熟阶段，其发展质量也已经处在较高水平。部分中西部省（自治区、直辖市）新型城镇化发展动力不足，提升空间受限，其受地理因素、自然资源、贸易环境的影响较大。其三，4 个新型城镇化发展质量提升潜力较低省市包括东北三省和上海市，上海市新型城镇化发展质量已处于高质量发展阶段，提升空间有限，而东北三省受区域发展限制，其在 2008—2017 年新型城镇化发展质量提升较为缓慢。

根据上述测度结果及横向、纵向对比分析，以 2017 年数据为基础按照新型城镇化发展质量和发展潜力的差异，可将中国各省（自治区、直辖市）新型城镇化发展分为以下九个类型，如图 4-7 所示：

高质量—低潜力 上海市	高质量—中潜力 广东省、江苏省、北京市、 山东省、浙江省	高质量—高潜力 无
协调型—低潜力 辽宁省	协调型—中潜力 福建省、天津市、河北省、 湖南省、江西省、 广西壮族自治区	协调型—高潜力 湖北省、四川省、河南省、 安徽省、陕西省、 重庆市、云南省
滞后型—低潜力 黑龙江省、吉林省	滞后型—中潜力 内蒙古自治区、山西省、 新疆维吾尔自治区、海南省、 宁夏回族自治区、青海省	滞后型—高潜力 贵州省、甘肃省

纵轴：发展质量（180、50、20）
横轴：发展潜力（1.5、2.0、2.7、3.8）

图 4-7　2017 年新型城镇化发展质量—潜力测度分类

资料来源：由笔者绘制。

各省（自治区、直辖市）新型城镇化可根据发展质量与发展潜力的差异分为高质量—高潜力、高质量—中潜力、高质量—低潜力、协调型—高潜力、协调型—中潜力、协调型—低潜力、滞后型—高潜力、滞后型—中潜力、滞后型—低潜力9种类型。根据实际测度结果，最终全国30个省（自治区、直辖市）归为以下8种类型。高质量—中潜力：5省市均属东部地区，经济基础较为雄厚，在开放水平和创新能力上占据较强优势，处于新型城镇化高质量发展阶段，并在可期的一段时间内，仍有一定的发展潜力。高质量—低潜力：上海市是唯一一个新型城镇化低发展潜力的高质量型城市，2008—2017年，其新型城镇化发展质量提升速度远低于其他东部省市和全国平均水平，相较其他东部省市的发展，近年来上海市较缺乏创新精神，进一步提升发展质量的动力不足。协调型—高潜力：包括3个中部省份和4个西部省市，这些地区已初步显现出其后发优势，随着西部大开发、中部崛起、"一带一路"建设等政策不断深入推进，其新型城镇化发展质量将大幅提升。协调型—中潜力：包括东部3个省市、2个中部省份及1个西部自治区，这一类型无论新型城镇化发展质量还是发展潜力都处于中间水平，较为协调同步。协调型—低潜力。辽宁省作为城镇化发展质量起步较高的省份，受限于产业结构单一，2008—2017年其质量提升速度较慢，未来新型城镇化发展质量的提升尚需动力及政策支撑。滞后型—高潜力：贵州省、甘肃省作为新型城镇化发展起点较低、质量滞后的西部省份，近年来在创新、绿色发展方面显现出后发潜力，有望突破其长期以来的滞后阶段。滞后型—中潜力：包括4个西部省区、1个东部省份及1个中部省份，由于区位、生态环境、基础设施、资源依赖等客观条件限制，这些省区新型城镇化发展质量滞后且后续提升潜力一般。滞后型—低潜力：受单一化产业结构影响，东北地区高能耗高污染的重工业结构使其绿色产业发展落后，创新动力不足，在新型城镇化发展质量和提升潜力上都明显落后，亟须内、外动力的双轮驱动。

三、主要结论及启示

　　城镇化是经济社会发展的重要引擎，走中国特色新型城镇化道路，要以习近平新时代中国特色社会主义思想为指导，以新发展理念为战略引领。本章在经济指标的基础上，选取"创新、协调、绿色、开放、共享"新发展理念五个方面相关指标构建新型城镇化发展质量测度与评价体系，基于2008—2017年30个省（自治区、直辖市）面板数据采用改进的熵值法进行测度和评价。主要得出以下结论：其一，2008—2017年，中国新型城镇化发展质量总体呈现稳步上升态势，创新发展和绿色发展在新型城镇化发展质量上发挥了较为重要的作用。其二，中国新型城镇化发展质量呈阶梯式不均衡分布状态，但总体呈现出向均衡化发展靠拢的趋势，东部地区、中部地区、东北地区、西部地区四大板块新型城镇化发展质量差异显著，依次递减。其三，四大板块新型城镇化发展潜力差异明显，其中，中西部地区大部分省（自治区、直辖市）后发潜力较大，也仍存在少部分省（自治区、直辖市）尚未突破客观条件的影响，新型城镇化发展动力有待进一步激活。

新型城镇化发展质量的综合测度结果给我们带来以下启示：其一，创新是新型城镇化高质量发展的动力之源。新型城镇化高质量发展型的东部省市创新能力大多较强，这些地区形成了合理化、多元化、异质化的结构布局，有处于发展前沿、具备创新能力的新兴产业支撑，构成了其新型城镇化高质量发展的动力源泉。其二，协调是新型城镇化高质量发展的内在要求。城乡融合的协调发展模式是城乡关系发展的最高阶段，新时代新型城镇化与乡村振兴的"融合式"发展是新型城镇化高质量发展的内在要求。其三，绿色发展是新型城镇化高质量发展的重要基础。走绿色低碳、生态良好的新型城镇化道路是城镇化发展的短期利益与长远利益、局部利益和全局利益辩证统一的必然结果。其四，开放是新型城镇化高质量发展的必由之路，要实现高质量的新型城镇化，就要增强部分城市的聚集能力，最终形成以一些城镇为中心的新增长极。其五，新型城镇化发展的本质是人的城镇化，高质量的新型城镇化是提供更好的基础设施，更均等的公共服务、社会保障，更具包容性。从宏观整体上来看，要实现共享，首先要转变目前新型城镇化发展质量的阶梯式不均衡分布状态，实现较为均衡的新型城镇化发展。

第五章 新型城镇化发展的经济增长效应：国民福利视角的实证

庇古认为经济福利等同于国民收入，是可以进行测度的，新福利经济学坚持福利不可测度只可排序，本书更认同庇古的观点，即狭义的经济福利是可测度的。国内生产总值（Gross Domestic Product，GDP）、国民生产总值（Gross National Product，GNP）是库兹涅茨国民经济核算体系（The System of National Accounts，SNA）的核心指标。现实中，常常用 GDP，即某一国家或地区在一定时期内生产活动的最终成果来表示整个社会的物质福利水平。GDP 计算中对增加值的加总，其本质就是庇古对经济福利可测度的解释。简单来说，整体国民的经济福利等同于 GDP，个人经济福利等同于人均 GDP。国民收入水平与福利水平呈现正相关关系，经济增长带来的收入上升可以从整体上提升国民福利，对于个人而言，收入提升构成经济福利的基础，同时也会对非经济福利部分造成一定的影响。收入是人获得实质自由的物质保障，通过高收入获得的优质教育和健康有助于个人在未来获取更高的收入。2008—2017 年，新型城镇化发展是否发挥了相应的经济增长效应，其对经济增长的影响程度如何，是否促进了国民福利的提升，是本章要重点分析的内容。

第一节 我国经济增长的现状分析

改革开放以来，我国经济社会发展取得了举世瞩目的成就，经济高速增长主要受益于以下四个方面：一是经济发展进程中产业结构由农业向非农转变带来的结构红利；二是人口结构转变及人口素质提升带来的人口红利；三是改革开放带来的贸易红利；四是城镇化带来的各种要素效用和福利效用的发挥。本节将从时间维度的变化、区域差异特征及与新型城镇化发展的比较三个方面来分析我国经济增长的现状。

一、经济增长的时间变化

自 2008 年以来，中国经济保持了较高的增长，呈现出人均 GDP 逐年递增的总体趋势。如图 5-1 所示，我国人均 GDP 由 2008 年的 24100 元上升至 2017 年的 59201 元，不考虑物价水平波动，年均名义增长率为 10.50%。就人均 GDP 增长率来看，受 2008 年国际金融危机的影响，作为全球经济体中的一员，我国经济增长也受到了外部环境恶化的影响，2009 年我国人均 GDP 增长率明显下降，由 2008 年 17.6% 的增长率降低至 8.6%。[1] 面对经济增速的快速回落和出口的负增长，为避免经济硬着陆，政府于 2008 年底推出了促进经济增长的一揽子计划，在一系列经济措施的刺激下，2009 年人均 GDP 增长率呈现"V"形反弹，且 2010 年保持了这种高速的增长。2012 年以后，政策刺激作用逐渐减弱，我国人均 GDP 增长率变化随之趋稳，呈现出先下降后上升的"U"形变化。

同期，以往公认的拉动经济增长的"三驾马车"也波动明显，如图 5-2 所示，全社会固定资产投资、居民消费水平、出口额的年增长率中，全社会固定资产投资的年增长率最高，尤其在 2008 年和 2009 年，分别高达 25.85% 和 29.95%，这与 2008 年底政府开始实施的积极财政政策关系密切，2011 年以后，全社会固定资产投资年增长率开始平稳下降，投资拉动型经济已初现转型趋势。居民消费水平的变化在"三驾马车"中相对最为稳定，年均增长率为 11.78%，受经济增长速度变化的影响，居民消费水平的增长也有放缓的

---

① 本章图表数据主要来源于历年《中国统计年鉴》、各省统计年鉴及中国经济与社会发展统计数据库等，部分数据经计算得出，图表中不再一一标明数据来源。

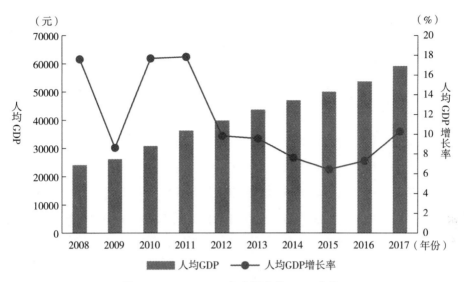

图 5-1　2008—2017 年中国人均 GDP 变化

资料来源：由笔者绘制。

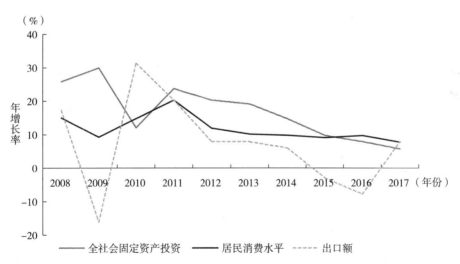

图 5-2　2008—2017 年投资、消费、出口增长率变化

资料来源：由笔者绘制。

趋势。"三驾马车"中波动幅度最大的是出口额，出口额增长率甚至在 2009 年、2015 年、2016 年分别出现了-16.01%、-2.94%、-7.73%的负增长。

根据以上 2008—2017 年我国经济增长的事实，可以将其划分为两个阶段：一是 2008—2012 年的波动期，这个阶段中人均 GDP 增长率变化最大落差达 14.29%，主要是先受外围经济危机的冲击，经济增长速度迅速下降，又受国内政策刺激影响短时间内拉升，这个阶段经济增长的变化明显受外因影响较大。二是 2013—2017 年的趋稳期，这一时期政策效应开始减弱，经济增长率先平稳下降后缓慢上升，人均 GDP 增长率较为稳定。此外，影响经济增长的关键因素中除居民消费水平增长率相对稳定外，全社会固定资产投资增长率受财政政策影响较大，出口额增长率又受限于外部环境，都不能成为经济稳定增长的主要因素。可以看出，尽管 2008—2017 年我国经济保持了较高的增长，但明显受外部环境和内部财政及货币政策影响较大。

二、经济增长的区域差异

由于我国地域辽阔，不同区域经济发展的基础不同，所处的发展阶段也有所差异，经济增长呈现出一定的区域差异特征。如图 5-3 所示，2008—2017 年，四大板块中，东部地区人均 GDP 最高，并且与其他三大区域板块的差距逐渐拉大，经济增长呈现出强者越强的不平衡趋势；东北地区人均 GDP 变化最大，从 2015 年开始明显下降，甚至低于全国平均水平；中西部地区（西部地区未包含西藏自治区）人均 GDP 在初始水平和变化趋势上都较为相近，一直处于上升状态，但上升速度并不理想。

经济增长的区域不平衡性，究其原因，除了地理位置、资源禀赋等先天差异外，还来源于国家经济体制转变和经济布局的政策推动。计划经济时期，五个"五年计划"将优先发展重工业作为经济发展的方向，"独立完整的国民经济体系建设""大三线建设"等造就了东北地区、西北地区经济先行发展的布局。改革开放以后，基于社会主义初级阶段的基本国情，我国采取了让一部分人先富起来的东部地区优先发展战略，东部沿海地区生产力得以迅速发展。如何提高落后地区人均收入，缩小区域间经济发展差距，促进区域平衡发展，成为新时代经济社会发展的核心问题。

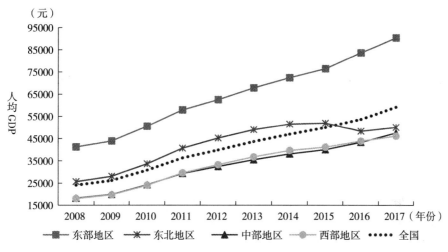

图 5-3 2008—2017 年全国及各区域人均 GDP 变化

资料来源：由笔者绘制。

三、经济增长与新型城镇化发展

研究新型城镇化的经济增长效应，有必要先对经济增长与新型城镇化发展的现状进行分析。如图 5-4 所示，2008—2017 年全国人均 GDP 与常住人口城镇化率均呈上升趋势，其中，常住人口城镇化率由 2008 年的 45.7%上升至 2017 年的 58.52%，但常住人口城镇化率包含了在城镇就业但并未取得城镇户籍的那部分转移人口，并且无法反映出新型城镇化质量提升的事实。

由图 5-5 可以看出，2008—2017 年全国人均 GDP 及新型城镇化发展质量均呈现上升趋势，其中，新型城镇化发展质量得分从 2008 年的 17.26 上升至 2017 年的 41.46。与图 5-4 明显不同的是，2008 年、2009 年新型城镇化发展质量增加较为缓慢，2010 年以后新型城镇化发展质量提升较为明显。新型城镇化发展质量得分可以较为全面地反映新型城镇化发展的多维变动趋势，用新型城镇化发展质量得分替代传统城镇化中的常住人口城镇化率指标，更符合新型城镇化发展的多重内涵。

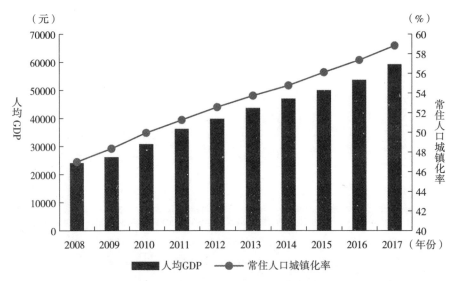

图 5-4　2008—2017 年全国人均 GDP 及常住人口城镇化率变动趋势

资料来源：由笔者绘制。

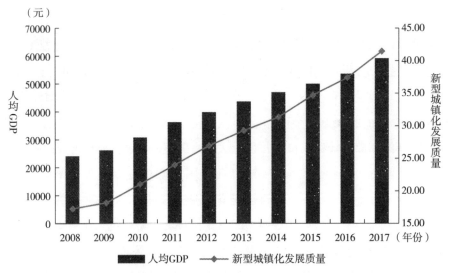

图 5-5　2008—2017 年全国人均 GDP 及新型城镇化发展质量变动趋势

资料来源：由笔者绘制。

第二节　新型城镇化发展的经济
增长效应实证分析

第三章的机理分析详细阐述了新型城镇化发展促进经济增长的路径，新型城镇化发展是否通过增加资本投入、推动农业人口转移、发挥创新效应促进了经济增长，这是本章实证分析的主要内容。

一、数据来源、变量选取及模型设定

1. 数据来源

采用 2008—2017 年省际面板数据实证研究新型城镇化发展的经济增长效应，数据主要来源于《中国统计年鉴》、各省统计年鉴、中国经济与社会发展统计数据库及 Wind 数据库等。

2. 变量选取及模型设定

（1）核心解释变量：新型城镇化发展质量 UQ，即本书第四章基于五大发展理念测度出的新型城镇化发展质量综合得分。

（2）核心被解释变量：人均国内生产总值 PGDP，本书认为国民福利提升的整体性物质效应体现在收入水平，即人均国内生产总值的增长上，因此，将人均国内生产总值 PGDP 作为因变量衡量国民福利的提升程度。

（3）解释变量：通过机理分析得出，新型城镇化通过对资本、劳动力、技术进步进行传导，对经济增长产生影响，详见第三章机理分析部分。

因此，用 PK 表示人均全社会固定资产投资；以非农产业就业人员（第二产业就业人员与第三产业就业人员之和）与农业就业人员数量之比来表示新型城镇化进程中，农村与城镇间劳动力转移的变化情况，用 LR 来表示[1]；借鉴孙叶飞等（2016）研究中对技术进步的衡量方法，即用 R&D 与地区生产总值

---

① 为了便于数据处理，在实证分析时，将这一比率×100 的值作为实际计算值。

之比表示技术进步程度，同时，加入城镇每万人专利申请授权量，具体计算时进行改良。[①]

参照郑鑫（2014）、范兆媛和周少甫（2018），在经济增长理论基本假设的基础上，引入新型城镇化发展质量，令 Y 代表人均产出水平，在本书中用人均 GDP 增长率 PGDP 衡量；Z 为新型城镇化发展质量，用新型城镇化发展质量综合得分 UQ 表示；人均物质资本 K 用人均全社会固定资产投资 PK 衡量；劳动力 L 的结构变化用非农产业就业人员与农业就业人员数量之比 LR 表示；技术进步率 A 用 CT 衡量，按照 C-D 函数形式构建新型城镇化发展的经济增长效应计量模型：

$$Y = Z^{\alpha_1} K^{\alpha_2} L^{\alpha_3} A^{\alpha_4} \tag{5-1}$$

$$= (UQ)^{\alpha_1} (PK)^{\alpha_2} (LR)^{\alpha_3} (CT)^{\alpha_4} \tag{5-2}$$

为了减少波动幅度，对上述变量取对数，构建主效应模型如下：

$$\ln PGDP_{it} = \alpha_0 + \alpha_1 \ln UQ_{it} + \alpha_2 \ln PK_{it} + \alpha_3 \ln LR_{it} + \alpha_4 \ln CT_{it} + u_{it} \tag{5-3}$$

其中，i 为截面单元序号，t 代表年份，u_{it} 为残差项，模型中各变量含义及类型如表 5-1 所示。同时，由于经济增长本身与资本投入、农业人口转移、创新效应相互作用、互相影响，而本书对经济增长效应的分析建立在新型城镇化发展的基础上，因此，有必要引入交叉项，将新型城镇化发展与资本、农业人口转移、创新分别进行交叉，得到包含交互项的模型如下：

$$\ln PGDP_{it} = \alpha_0 + \alpha_1 \ln UQ_{it} + \alpha_2 \ln PK_{it} + \alpha_3 \ln LR_{it} + \alpha_4 \ln CT_{it} +$$
$$\alpha_5 \ln UQ\_PK_{it} + \alpha_6 \ln UQ\_LR_{it} + \alpha_7 \ln UQ\_CT_{it} + u_{it} \tag{5-4}$$

表 5-1 变量说明

变量类别	符号	变量名称	说明
被解释变量	PGDP	经济增长	经济增长水平，用人均国内生产总值表示

---

① 技术进步 CT=R&D×1000/地区生产总值+专利申请授权量/城镇人口。

续表

变量类别	符号	变量名称	说明
核心解释变量	UQ	新型城镇化	新型城镇化发展质量，用新型城镇化发展质量得分表示
解释变量基本项	PK	资本投入	资本投入的变化，用人均全社会固定资产投资表示
	LR	劳动力转移	劳动力转移的事实，用非农就业与农业就业人员数量之比表示
	CT	创新	技术进步变化，用R&D与专利申请授权量经计算后得出
解释变量交互项	UQ_PK	新型城镇化与资本投入	新型城镇化发展与资本投入的交互
	UQ_LR	新型城镇化与劳动力转移	新型城镇化发展与劳动力转移的交互
	UQ_CT	新型城镇化与创新	新型城镇化发展与创新的交互

二、面板单位根检验及协整检验

1. 描述性统计

整理数据，变量描述性统计如表5-2所示。

表5-2　变量描述性统计

变量	样本观测数	均值	最小值	最大值	标准差
lnPGDP	300	10.575	9.196	11.768	0.512
lnUQ	300	3.012	1.531	5.135	0.801
lnPK	300	10.216	8.517	11.312	0.536
lnLR	300	5.299	3.704	8.050	0.886
lnCT	300	2.778	0.347	4.435	0.745
lnUQ_PK	300	3.390	2.619	3.981	0.295
lnUQ_LR	300	2.723	1.811	3.594	0.394
lnUQ_CT	300	2.049	-0.541	3.059	0.540

图 5-6 为被解释变量人均 lnPGDP 与核心解释变量新型城镇发展质量 lnUQ 及人均全社会固定资产投资 lnPK、非农产业就业人员与农业就业人员数量之比 lnLR、技术进步程度 lnCT 的拟合关系。若不考虑模型中涉及变量之外的因素，lnPGDP 分别与 lnUQ、lnPK、lnLR、lnCT 呈现较为稳定的正向线性拟合关系。

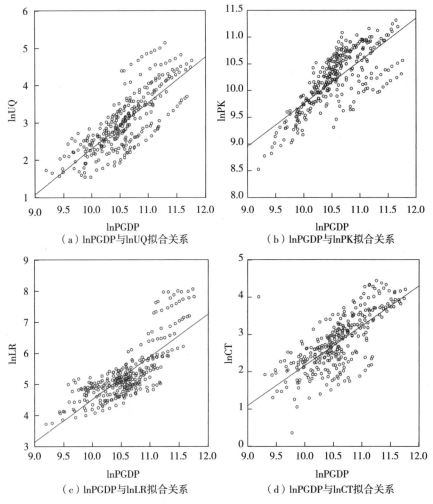

图 5-6　lnPGDP 与 lnUQ、lnPK、lnLR、lnCT 的拟合关系

资料来源：由笔者绘制。

2. 面板单位根检验

为避免非平稳数据建模造成伪回归，采用 LLC 检验、Breitung 检验、IPS 检验、ADF 检验、PP 检验五种方法对面板数据进行平稳性检验，根据投票法综合判断检验结果。各变量的 P 值结果如表 5-3 所示，模型中 8 个变量中除 lnPGDP、lnLR、lnUQ_LR 外，其余 5 个变量均存在单位根，进行一阶差分后在 5% 的显著性水平下序列平稳。

表 5-3　单位根检验

变量	LLC	Breitung	IPS	ADF	PP	结论
lnPGDP	0.000	0.999	0.009	0.000	1.000	平稳
lnUQ	0.000	0.578	0.082	0.001	1.000	非平稳
lnPK	0.557	1.000	0.999	0.979	0.041	非平稳
lnLR	0.000	0.005	0.257	0.010	0.001	平稳
lnCT	0.001	0.050	0.863	0.838	0.098	非平稳
lnUQ_PK	0.000	0.944	0.474	0.411	0.986	非平稳
lnUQ_LR	0.000	0.711	0.017	0.000	1.000	平稳
lnUQ_CT	0.003	0.000	0.978	0.991	0.073	非平稳
ΔlnUQ	0.000	0.039	0.049	0.016	0.000	平稳
ΔlnPK	0.000	0.640	0.012	0.000	0.000	平稳
ΔlnCT	0.000	0.744	0.004	0.000	0.000	平稳
ΔlnUQ_PK	0.000	0.744	0.004	0.000	0.000	平稳
ΔlnUQ_CT	0.000	0.484	0.029	0.000	0.000	平稳

3. 面板协整检验及格兰杰因果检验

对面板数据进行差分后，容易丢失原始数据本身的信息，使建模效果减弱，因此，采用 Kao 检验对面板数据进行协整检验，判断变量间协整关系。检验统计量拒绝不存在协整关系的原假设，即新型城镇化发展与经济增长间存在长期协整关系。用格兰杰因果检验法对各变量间因果关系进行检验，结果如表 5-4 所示。即滞后两期，在 5% 的显著性水平下，新型城镇化发展是经济增长的格兰杰原因，同时，经济增长也是新型城镇化发展质量的格兰杰原因，两者互为因果关系，有着循环累积因果效应；人均全社会固定资产投资是经济增长的格兰杰原因，但经济增长不是人均全社会固定资产投资的格兰杰原因；非农产业就业人员与农业就业人员数量之比是经济增长的格兰杰原因，但经济增长不是非农产业就业人员与农业就业人员数量之比的格兰杰原因；技术进步是经济增长的格兰杰原因，经济增长也是技术进步的格兰杰原因。

表 5-4 格兰杰因果检验结果

原假设	滞后阶数	F 统计值	P 值
lnUQ 非 lnPGDP 的 Granger 原因	2	6.884	0.001
lnPGDP 非 lnUQ 的 Granger 原因	2	20.082	9.00E-09
lnPK 非 lnPGDP 的 Granger 原因	2	32.195	4.00E-13
lnPGDP 非 lnPK 的 Granger 原因	2	1.728	0.180
lnNLR 非 lnPGDP 的 Granger 原因	2	25.716	8.00E-11
lnPGDP 非 lnLR 的 Granger 原因	2	0.654	0.521
lnCT 非 lnPGDP 的 Granger 原因	2	13.561	3.00E-06
lnPGDP 非 lnCT 的 Granger 原因	2	4.446	0.013

新型城镇化发展质量与经济增长间存在协整关系，用 Hausman 检验判定应采用的模型形式，Hausman 检验的结果在 5% 的显著性水平上拒绝随机效应，应采用固定效应模型进行估计。

三、基于 OLS 及 LSDV 估计的基准回归及结果分析

1. 模型回归

模型中加入交互项后，原变量系数含义可能发生改变，因此，先进行主效应回归再加入交互项进行回归，以便于分别进行解释。作为参照系，进行混合回归，结果如表 5-5 所示。

表 5-5　新型城镇化发展的经济增长效应：混合 OLS 估计结果

解释变量	模型 I	模型 II	模型 III	模型 IV
lnUQ	0.242 ***	0.490 ***	0.467 ***	0.463 ***
	(0.021)	(0.064)	(0.064)	(0.073)
lnPK	0.502 ***	0.602 ***	0.454 ***	0.451 ***
	(0.016)	(0.029)	(0.057)	(0.061)
lnLR	0.263 ***	0.258 ***	0.510 ***	0.510 ***
	(0.013)	(0.012)	(0.085)	(0.085)
lnCT	−0.113 ***	−0.114 ***	−0.116 ***	−0.110 **
	(0.022)	(0.022)	(0.021)	(0.052)
lnUQ_PK		−0.759 ***	0.861	0.889
		(0.186)	(0.572)	(0.610)
lnUQ_LR			−1.512 ***	−1.513 ***
			(0.506)	(0.507)
lnUQ_CT				−0.015
				(0.108)
常数项	3.639 ***	4.476 ***	3.346 ***	3.308 ***
	(0.151)	(0.253)	(0.453)	(0.528)
F 统计量	1113.030	940.790	806.640	689.090
P 值	0.000	0.000	0.000	0.000
调整的 R^2	0.937	0.940	0.942	0.942

注：括号内为标准误差；＊、＊＊、＊＊＊分别表示 10%、5%、1%的显著性水平。

　　新型城镇化发展的经济增长效应的固定效应模型估计结果如表 5-6 所示，模型 I 为主效应模型的回归结果，模型 II、模型 III、模型 IV 为分别加入含资本投入、劳动力转移、创新交互项后的回归结果。回归结果中 F 检验的 P 值为 0.000，强烈拒绝了混合回归可以接受随机效应的原假设，认为固定效应回归优于混合回归。

表 5-6　新型城镇化发展的经济增长效应：FEM 估计结果

解释变量	模型 I	模型 II	模型 III	模型 IV
lnUQ	0.629 ***	0.560 ***	0.463 ***	0.480 ***
	(0.085)	(0.115)	(0.136)	(0.162)
lnPK	0.235 ***	0.201 ***	−0.156	−0.153
	(0.044)	(0.061)	(0.170)	(0.173)
lnLR	0.120 **	0.134 **	0.794 **	0.798 **
	(0.057)	(0.051)	(0.317)	(0.316)
lnCT	−0.040	−0.036	−0.049 **	−0.063
	(0.028)	(0.028)	(0.024)	(0.043)
lnUQ_PK		0.213	3.872 **	3.839 **
		(0.266)	(1.741)	(1.775)
lnUQ_LR			−3.387 **	−3.422 **
			(1.578)	(1.564)
lnUQ_CT				0.030
				(0.064)
常数项	5.758 ***	5.504 ***	2.797 *	2.879 *
	(0.342)	(0.388)	(1.415)	1.509
F 统计量	775.820	614.840	462.850	469.400
P 值	0.000	0.000	0.000	0.000
R^2	0.964	0.964	0.965	0.965

注：括号内为标准误差；*、**、*** 分别表示 10%、5%、1% 的显著性水平。

尽管以上模型中 F 检验的结果显示固定效应回归优于混合回归，允许个体存在截距项，但由于未使用聚类稳健标准误，使检验的有效性有待进一步考证，故再进行 LSDV 回归，结果如表 5-7 所示。

表 5-7　新型城镇化发展的经济增长效应：LSDV 估计结果

解释变量	回归系数	标准误	t 统计量	P 值
lnUQ	0.480	0.081	5.920	0.000
lnPK	−0.153	0.116	−1.310	0.192

续表

解释变量	回归系数	标准误	t 统计量	P 值
lnLR	0.798	0.212	3.770	0.000
lnCT	−0.063	0.038	−1.640	0.102
lnUQ_PK	3.839	1.160	3.310	0.001
lnUQ_LR	−3.422	1.065	−3.210	0.001
lnUQ_CT	0.030	0.066	0.440	0.657
id				
1	0.602	0.062	9.710	0.000
2	0.379	0.123	3.090	0.002
3	−0.033	0.040	−0.820	0.411
4	0.006	0.115	0.050	0.960
5	0.130	0.086	1.510	0.132
6	0.428	0.111	3.860	0.000
7	0.195	0.130	1.510	0.133
8	−0.187	0.130	−1.440	0.152
9	0.818	0.136	6.000	0.000
10	0.425	0.118	3.610	0.000
11	0.785	0.131	6.000	0.000
12	0.588	0.127	4.640	0.000
13	0.580	0.125	4.660	0.000
14	0.161	0.126	1.280	0.202
15	0.350	0.120	2.920	0.004
16	0.292	0.132	2.220	0.027
17	0.395	0.135	2.930	0.004
18	0.459	0.131	3.500	0.001
19	1.001	0.138	7.250	0.000
20	0.472	0.139	3.390	0.001
21	0.609	0.128	4.750	0.000

续表

解释变量	回归系数	标准误	t统计量	P值
22	0.188	0.131	1.440	0.152
23	0.552	0.151	3.660	0.000
24	0.331	0.141	2.340	0.020
25	0.459	0.138	3.330	0.001
26	0.585	0.148	3.940	0.000
27	0.903	0.138	6.520	0.000
28	1.032	0.146	7.050	0.000
29	0.765	0.138	5.550	0.000
常数项	2.437	0.993	2.450	0.015
F统计量	596.200			
P值	0.000			
调整的 R^2	0.986			

从表5-7中可以看出，大多数个体虚拟变量都比较显著，因此，拒绝原假设"所有个体虚拟变量都为0"，模型存在个体效应，再次确认，固定效应模型更为适宜。

2. 结果分析

首先，分析主效应模型。如表5-6 FEM估计结果中模型Ⅰ所示，新型城镇化发展对经济增长有显著的促进作用。总体上看，新型城镇化发展、资本投入、劳动力转移都对经济增长有正向作用，技术进步对经济增长的影响并不显著。具体来看，在其他条件不变的情况下，新型城镇化发展每提高1%，将促使经济增长0.63%，即新型城镇化发展具有显著的经济增长效应。资本投入和劳动力转移也是促进经济增长的重要因素，模型结果显示，在其他条件不变的情况下，资本投入每增加1%，经济增长0.24%；劳动力转移力度提升1%，经济增长0.12%。回归结果中，创新对经济增长的影响并不显著，这可能是由于创新所显现的经济增长效应往往具有一定的时滞性，新技术的投入使用往往需要较长的时间，而我国现阶段正处于经济的转型期，创新效应往往在初期并不明显，并且由于新技术前期的投入会消耗大量成本，甚至会显现一定的负向作用。除此之外，可能还与创新因素中未考虑及难以衡量的一些因素相关，如企业家精神等。

其次，对加入交互项后的模型进行分析。加入交互项后，模型成为非线性模型，变量系数反映的不再是斜率变化，而是将模型作为一个整体来解释。交互项若为正值，说明两者相互增强；交互项若为负值，则相互抵消。如表5-6中模型Ⅱ所示，单独加入新型城镇化发展与资本投入的交互项后，总体回归结果显著，但交互项并不显著，不具备统计学意义。将新型城镇化发展与资本投入、劳动力转移两个交互项加入模型Ⅲ中，回归结果显著。其中，新型城镇化发展与资本投入交互项的系数为正值，说明资本投入增强了新型城镇化发展的经济增长效应；新型城镇化发展与劳动力转移交互项的系数为负值，说明劳动力转移力度的提升使新型城镇化发展对经济增长的边际影响降低。这说明，尽管现阶段新型城镇化进程中农村剩余劳动力转移从总体上促进了经济增长，但其对经济增长促进的边际作用正在减弱，这与我国新型城镇化发展的本质和阶段相一致。模型Ⅳ将新型城镇化发展与资本投入、劳动力转移、创新的交互项都纳入进来，与模型Ⅲ结果类似，新型城镇化发展与资本投入交互项的系数为正值，与劳动力转移交互项的系数为负值，但新型城镇化发展与创新的交互项并不显著，不具备统计学意义。

总体来看，实证结果显示新型城镇化发展具有显著的经济增长效应，并且新型城镇化发展通过资本投入、劳动力转移驱动了经济增长。其中，新型城镇化发展通过资本投入增加对经济增长促进的边际作用为正，通过劳动力转移促进经济增长的边际作用为负，但其通过创新驱动经济增长的作用并不显著。

四、区域异质性回归及结果分析

对新型城镇化发展的经济增长效应的区域异质性进行分析，采用固定效应模型对主效应进行估计，如表5-8所示。

表 5-8　新型城镇化发展的经济增长效应：区域异质性的主效应模型估计结果

解释变量	全国	东部地区	东北地区	中部地区	西部地区
lnUQ	0.629 ***	0.562 ***	1.392 **	0.697 ***	0.515 ***
	(0.086)	(0.145)	(0.290)	(0.091)	(0.071)
lnPK	0.235 ***	0.263 ***	0.253 *	0.131	0.319 ***
	(0.044)	(0.050)	(0.074)	(0.087)	(0.042)
lnLR	0.120 **	0.237	−0.513	−0.364 *	0.087
	(0.057)	(0.166)	(0.442)	(0.171)	(0.057)
lnCT	−0.041	−0.065	−0.085	0.200	−0.06 **
	(0.028)	(0.046)	(0.178)	(0.107)	(0.021)
常数项	5.758 ***	4.926 ***	6.915 **	8.304 ***	5.545 ***
	(0.342)	(0.802)	(1.041)	(0.891)	(0.298)
R^2	0.963	0.981	0.957	0.969	0.975

注：括号内为标准误差；* 、** 、*** 分别表示10%、5%、1%的显著性水平。

　　四大区域板块的主效应回归结果显示：第一，东部地区新型城镇化发展对区域经济增长有着显著的促进作用，资本投入也对区域经济增长有正向作用，劳动力转移、创新对东部地区经济增长的影响不显著。具体来看，在其他条件不变的情况下，东部地区新型城镇化发展每提高1%，将促使区域经济增长0.56%；资本投入每增加1%，区域经济增长0.26%。第二，东北地区新型城镇化发展在5%显著性水平上对区域经济增长有促进作用，每提高1%将促使区域经济增长1.39%；在10%显著性水平上资本投入对区域经济增长有正向作用，每增加1%区域经济增长0.25%。第三，中部地区新型城镇化发展对区域经济增长也有着显著的促进作用，劳动力转移负向作用于区域经济增长，资本投入对中部地区经济增长的影响不显著。具体来看，在其他条件不变的情况下，中部地区新型城镇化发展质量每提高1%，将促使区域经济增长0.70%；劳动力转移力度每增加1%，经济增长降低0.36%，这可能是由于中部地区劳动力的转移还是以流出为主，尽管人口转向非农后，就业结构有所改善，但拥有较高人力资本的劳动力并未实质性地增多，因此，对区域经济增长并未形成有效的促进作用。第四，西部地区新型城镇化发展对区域经济增长效应显著，资本投入也对地区经济增长有正向作用，劳动力转移的影响并不显著，创新负向作用于区域经济增长。具体来讲，在其他条件不变的情况下，西部地区新型城镇化发展每提高 1%，将促使区域经济增长 0.52%；资本投入每提高 1%，将促使区域经济增长 0.32%；创新效应每提升 1%，经济增长降低 0.06%，这可能是由于经济结构不合理造成的，西部地区第二产业大多是承接东部地区的，而高端制造业及服务业并不发达，因此，创新在短期内对区域经济增长呈现反作用。

加入交互项后，采用固定效应模型对新型城镇化发展对经济增长效应的区域异质性进行估计，如表 5-9 所示。

表 5-9　新型城镇化发展的经济增长效应：加入交互项的区域异质性估计结果

解释变量	全国	东部地区	东北地区	中部地区	西部地区
lnUQ	0.480 ***	0.776 **	2.973 *	0.545	0.504 **
	(0.162)	(0.260)	(0.829)	(0.540)	(0.195)
lnPK	-0.153	0.468	-0.605	-2.963 **	-0.376
	(0.173)	(0.358)	(1.199)	(1.050)	(0.390)
lnLR	0.798 **	0.0742	3.278	5.682 *	1.482 *
	(0.316)	(0.471)	(3.308)	(2.373)	(0.800)
lnCT	-0.063	-0.110	-2.369	0.0605	-0.190
	(0.043)	(0.0723)	(0.852)	(0.151)	(0.153)
lnUQ_PK	3.839 **	-2.141	8.371	30.670 **	6.597
	(1.775)	(3.997)	(11.680)	(10.300)	(3.699)
lnUQ_LR	-3.422 **	1.228	-19.260	-29.720 **	-6.678
	(1.564)	(3.328)	(15.350)	(11.490)	(3.988)
lnUQ_CT	0.030	0.112	6.011 *	-0.0822	0.286
	(0.064)	(0.099)	(1.975)	(0.586)	(0.347)
常数项	2.879 *	6.847 **	9.060	-13.770 *	0.996
	(1.509)	(2.752)	(7.070)	(6.625)	(2.386)
R^2	0.965	0.982	0.963	0.983	0.977

注：括号内为标准误差；*、**、*** 分别表示 10%、5%、1% 的显著性水平。

四大区域板块含交互项的回归结果显示：第一，东部地区新型城镇化发展的区域经济增长效应显著，但资本投入、劳动力转移、创新及其交互项的作用不显著。第二，东北地区新型城镇化发展及其与创新的交互项在10%显著性水平上对区域经济增长有促进作用。第三，中部地区资本投入，新型城镇化与资本投入和劳动力转移的交互项在5%显著性水平上对区域经济增长有正向作用，劳动力转移在10%显著性水平上对区域经济增长有正向作用。第四，西部地区新型城镇化发展对区域经济增长也有着显著的促进作用，加入交互项后，劳动力转移也显示对地区经济增长有正向作用，资本投入、创新效应及所有交互项的作用都不显著。

第三节　主要研究结论

依据古典福利经济学，国民福利提升可以用经济增长来衡量。用人均国内生产总值表示整个社会福利水平的变化，实证检验新型城镇化发展对经济增长的效应，若新型城镇化发展对经济增长有显著的促进作用，意味着新型城镇化发展有利于国民福利的提升。通过验证机理分析中新型城镇化发展的经济增长效应，固定效应模型回归结果与理论分析基本吻合。

第一，基准回归结果中，主效应模型和加入交互项的回归模型均显示新型城镇化发展具有显著的经济增长效应，主效应模型中资本投入和劳动力转移均对经济增长有正向作用，创新对经济增长的影响不显著。含交互项的回归结果显示，新型城镇化发展通过增加资本投入、转移剩余劳动力促进了经济增长，资本投入增强了新型城镇化发展的经济增长效应，尽管劳动力转移对经济增长的边际作用正在减弱，但仍从总体上促进了经济增长，新型城镇化发展与创新的交互项不显著，不具备统计学意义。

第二，各区域主效应模型均显示新型城镇化发展对区域经济增长有着显著的促进作用，加入交互项后，中部地区新型城镇化发展对区域经济增长的回归结果不显著。其中，东部地区资本投入也对区域经济增长具有正向作用；中部地区劳动力转移对区域经济增长并未形成有效的促进作用；西部地区资本投入对地区经济增长具有正向作用，创新反而抑制了区域经济增长。加入交互项后，受限于样本容量，分区域的回归结果并不理想。但以上分析结果都显示，无论从全国还是分区域的主效应模型来看，新型城镇化发展都具有显著的经济增长效应，新型城镇化发展质量的提升会带来人均国内生产总值的增加，即古典福利经济学意义上的国民福利的增加。

本章采用固定效应模型对新型城镇化发展的经济增长效应进行了基准回归和分区域实证检验，同时，对新型城镇化发展是否通过资本投入、劳动力转移和创新促进了经济增长进行了验证。总体来看，所有实证结果均显示新型城镇化发展具有显著的经济增长效应，验证了城镇化是拉动经济增长的强力引擎。新型城镇化发展通过资本投入、劳动力转移驱动了经济增长，但其通过创新驱动经济增长的作用并不显著。实证检验结果基本与前文的理论分析一致，可以得出，新型城镇化发展质量的提升会带来古典福利经济学意义上的国民福利的增加。

第六章　新型城镇化发展对城乡收入差距的影响：公平视角的实证

　　古典福利经济学认为收入均等化有利于提升福利，由于边际效用递减，贫困阶层收入的提升更有利于整个社会福利水平的改善。福利的改善是多维度且存在一定的递进关系的，基本的物质需求被满足后，公平显得尤为重要。当收入超过某个临界值时，收入水平的增加并不能带来幸福感的显著提升，这给予我们一定启示，国民收入水平提升到一定程度时，还要考虑相对收入对福利的影响。收入差距导致的两极分化可能会提升社会犯罪率、激化社会矛盾、影响社会稳定，从而降低整个社会的福利水平。经济增长带来的收入上升可以从整体上提升国民福利，但在人均收入增加的基础上，过大的收入差距仍然会对福利造成损失，还需要关注收入分配的合理性。同时，即使在国民收入保持不变时，收入差距的缩小也会带来福利的提升。此外，即使国民收入和收入差距都有所下降，总的福利效应方向虽然无法判断，但仍然可以确定的是收入差距降低的那部分差值所带来的一定是福利的增进。

　　传统城镇化的城市倾斜性政策使城乡收入差距不断扩大，"二元结构"带来一系列社会问题。城乡统筹的新型城镇化发展如何影响城乡收入差距，是否带来了福利水平的提升？通过机理分析，本书认为新型城镇化发展中农村剩余劳动力向城镇转移从事非农工作从而获得高于农业边际劳动收益的报酬；同时，农业规模经营，使农村居民收入进一步提升，推动城乡收入差距缩小。产业结构变化会改变要素边际报酬，影响收入分配，因此，新型城镇化发展还会通过产业结构优化影响城乡收入差距。除此之外，政策倾向也在很大程度上影响了城乡收入差距，区别于传统城镇化模式的"城市偏向政策"，新型城镇化发展要求统筹城乡一体化发展，通过乡村振兴等战略对传统城镇化过于倾向城市的政策进行弥合，将有利于缩小城乡收入差距。本章基于上述机理，通过实证检验新型城镇化发展对城乡收入差距的影响。

第一节　公平效率、收入分配与收入差距

一、公平效率悖论

公平效率之争由来已久，作为社会普遍追求的两个基本目标，两者在实践中往往难以兼得。公平既包含基于伦理意义的社会公平，也涵盖了收入平等性的经济公平；效率意味着单位要素投入所获得的产出水平，在福利经济学中指资源配置向帕累托最优状态的趋近。古典福利经济学认为收入分配越均等，福利水平则越高。李特尔综合运用帕累托改进和分配标准，认为判断福利增加与否既要看它是否满足效率标准，即卡尔多-希克斯标准和西托夫斯基福利标准，也要检验其分配标准，但李特尔标准仍存在价值判断难以统一的问题，缺乏实用性。阿瑟·奥肯关注了平等与效率的协调问题，他认为税收环节的差额会产生无谓损失，虽有利于平等但对效率有所损失。阿玛蒂亚·森从起点公平出发，认为公平体现在社会个体选择自己生活方式的自由度上。

公平与效率是矛盾统一的，往往不可兼得。一方面，过度强调公平，往往会损失效率，效率极尽发挥的机制，又往往会影响公平；另一方面，公平的制度环境可以促进效率发挥，效率提升带来的物质丰富，是公平的前提。中华人民共和国成立之初到改革开放之前的计划经济体制虽凸显公平，但在生产力低下的情况下过分强调公平，忽视效率，并未提升整个社会的福利水平，甚至在一定程度上限制了生产力的发展。改革开放后，计划经济逐渐向

市场经济转型，经济效率不断提升，生产力迅速发展，但收入差距也逐渐扩大，尤其是在城镇化进程中，城乡收入差距不断扩大，公平的重要性越发凸显。

公平是每位公民获得基本权利的保障，效率在市场经济条件下更易发挥作用。党的十七大以来，公平就成为更受关注的问题。党的十八大报告指出，"初次分配和再分配都要兼顾效率和公平，再分配更加注重公平"。[①] 党的十九大报告中对新时代我国主要矛盾变化的阐明，更是体现了对人民共享改革成果的重视，反映出对社会公平正义，尤其是收入分配制度公平方面的重视程度。现阶段，我国的基本国情是仍处于社会主义初级阶段，在公平与效率的关系处理上应在坚持市场经济的条件下，尽可能地增进公平。

二、收入分配与收入差距

古典政治经济学主要代表李嘉图认为收入分配是影响社会财富的关键因素，从劳动价值论出发，通过分析工资、利润及地租的分配形式，揭示了资本主义社会工人、资本家、地主间的对立关系。法国庸俗经济学创始人萨伊将"效用价值论"取代劳动价值论，提出劳动、资本和土地是各种收入的源泉，认为要素收入分配应归属于要素的提供者，以物物关系掩盖了资本主义剥削关系。马克思以剩余价值论为逻辑起点，提出生产关系决定分配关系，收入分配取决于一定历史条件下的生产力水平所决定的生产方式和生产关系，"所谓的分配关系，是同生产过程的历史规定的特殊社会形式，以及人们在他们生活的再生产过程中互相所处的关系相适应的，并且是由这些形式和关系产生的。这些分配关系的历史性质，就是生产关系的历史性质，分配关系不过表示生产关系的一个方面。"建立在历史唯物主义和劳动价值论基础上的马克思主义收入分配理论具有科学性和系统性，是我国收入分配制度的理论基础和根本原则。

---

① 胡锦涛：《坚定不移沿着中国特色社会主义道路前进 为全面建成小康社会而奋斗——在中国共产党第十八次全国代表大会上的报告》，《求是》2012 年第 22 期。

《经济与管理大辞典》中将收入分配定义为国民收入在生产要素间的分配或国民收入在居民间的分配，按照分配方式，收入分配主要包括基础性的初次分配和在初次分配基础上进行国家干预调节的二次分配。其中，初次分配涉及面最广，所占比例、数额最高，再分配涉及范围相对有限，仅在财政收支、转移支付等可调节的范围内进行修正。因此，初次分配最为重要。在生产分配中，公平体现在分配范畴上，效率多取决于生产范畴。马克思主义经济学认为分配关系和分配方式取决于所有制关系，恩格斯也指出，分配方式本质上毕竟取决于有多少产品可供分配，而这当然随着生产组织和社会组织的进步而改变，从而分配方式也应当改变，即在一定的所有制关系下，分配关系和分配方式很大程度上也受生产力发展水平的影响。收入分配的公平性很大程度取决于一个社会所处的发展阶段，要调整收入分配方式中公平与效率的关系，以期获得整体福利水平的最大化目标。改革开放 40 多年来，我国生产力发展水平得以迅速提升，中国特色社会主义步入新时代，共享改革成果，凸显公平在收入分配中的作用尤为重要。

公平的重要体现形式之一就是收入差距，收入差距是一定时期内人们获得收入量的差别，这个差别来源于社会对要素所有者要素投入的肯定。收入差距在任何社会中都存在，适度的收入差距有利于效率的提升，但过大的收入差距既是不公平的体现，也会影响效率的发挥。现阶段，缩小收入差距，共享改革成果是我国处理公平与效率问题的最佳选择，也是提升福利水平的重要方式。区域收入差距、行业收入差距、城乡收入差距等都属于收入差距，目前，我国收入差距最主要的构成是城乡收入差距，其变化很大程度上受城镇化进程的影响。基于初次分配在国民收入分配中的重要性及城乡收入差距作为影响我国收入差距的关键，本章从公平视角出发，实证检验新型城镇化发展对初次分配过程中城乡收入差距的影响。

三、城乡收入差距的两种测度方法

城乡收入差距是指在同一货币单位条件下，城镇居民与农村居民收入水平的差别，广泛用以衡量城乡收入的不平等程度。一般来说，收入差距的度量方法主要包括洛伦兹曲线、基尼系数、阿特金森指数、变异系数和泰尔指数等，尤其是基尼系数目前在测度收入差距方面应用最广，并且已有国家统计局官方的计算结果。在城乡收入差距的测度方面，目前尚未形成统一的标准，较为常用的度量方法主要包括城乡居民收入比和泰尔指数，城乡居民收入比即城镇居民人均可支配收入与农村居民人均纯收入的比值；泰尔指数在城乡收入差距度量上的优势主要体现在其分组的适用性上。本书也主要用这两种方法来测度城乡收入差距的变化趋势。

1. 城乡居民收入比

用 I_{ut}、I_{rt} 分别表示 t 时期城镇居民人均可支配收入与农村居民人均纯收入（根据统计口径变化，从 2012 年开始调整为农村居民人均可支配收入），t 时期城乡居民收入比 I_{urt} 的计算公式如下：

$$I_{urt} = I_{ut}/I_{rt} \tag{6-1}$$

用城乡收入比对我国城乡收入差距进行测度的结果如表 6-1 及表 6-2 所示。

表 6-1　全国及四大板块城乡收入差距测度结果：城乡收入比

年份 区域	2008	2009	2010	2011	2012	2013	2014	2015	2016	2017
全国	3.1106	3.1095	2.9939	2.8979	2.8759	2.8068	2.7499	2.7312	2.7190	2.7096
东部地区	2.5966	2.6050	2.5524	2.4721	2.4564	2.3637	2.3222	2.3071	2.2999	2.2954
东北地区	2.5255	2.5765	2.4272	2.3062	2.3016	2.3499	2.3102	2.3270	2.3114	2.3057
中部地区	2.9745	3.0071	2.9118	2.8261	2.8054	2.5370	2.4835	2.4688	2.4623	2.4571
西部地区	3.6379	3.6540	3.4937	3.3666	3.3240	2.9946	2.9277	2.9131	2.8972	2.8794

相较其他指标，城乡收入比的计算较为简单，相关数据获取容易，但由于不可分解，存在一定误差，并且城乡收入比主要反映城乡绝对收入差距，指标中未纳入城乡人口结构变化因素。

表6-2　各省（自治区、直辖市）城乡收入差距测度结果：城乡收入比

年份 区域	2008	2009	2010	2011	2012	2013	2014	2015	2016	2017
北京市	2.3190	2.2915	2.1921	2.2329	2.2135	2.6059	2.5723	2.5699	2.5673	2.5745
天津市	2.4552	2.4635	2.4112	2.1849	2.1123	1.8876	1.8518	1.8451	1.8485	1.8515
河北省	2.8029	2.8581	2.7297	2.5692	2.5421	2.4192	2.3700	2.3666	2.3700	2.3715
上海市	2.3317	2.3102	2.2777	2.2568	2.2573	2.3364	2.3047	2.2823	2.2606	2.2496
江苏省	2.5392	2.5678	2.5163	2.4378	2.4321	2.3360	2.2961	2.2867	2.2806	2.2769
浙江省	2.4548	2.4593	2.4206	2.3695	2.3743	2.1196	2.0850	2.0693	2.0658	2.0541
福建省	2.8988	2.9306	2.9328	2.8373	2.8148	2.4703	2.4286	2.4125	2.4011	2.3876
山东省	2.8903	2.9109	2.8534	2.7321	2.7264	2.5155	2.4593	2.4396	2.4374	2.4336
广东省	3.0834	3.1236	3.0288	2.8701	2.8670	2.6688	2.6253	2.6015	2.5967	2.5967
海南省	2.8719	2.8983	2.9535	2.8497	2.8237	2.5463	2.4703	2.4275	2.4026	2.3886
辽宁省	2.5810	2.6454	2.5641	2.4669	2.4748	2.6273	2.5986	2.5816	2.5524	2.5456
吉林省	2.6009	2.6598	2.4708	2.3697	2.3503	2.1809	2.1538	2.1985	2.1884	2.1867
黑龙江省	2.3851	2.4134	2.2311	2.0678	2.0642	2.2253	2.1629	2.1814	2.1752	2.1671
山西省	3.2020	3.2979	3.3038	3.2356	3.2111	2.8000	2.7322	2.7320	2.7129	2.7005
安徽省	3.0911	3.1272	2.9872	2.9855	2.9361	2.5751	2.5048	2.4893	2.4876	2.4800
江西省	2.7392	2.7629	2.6744	2.5386	2.5366	2.4337	2.4029	2.3790	2.3623	2.3560
河南省	2.9705	2.9897	2.8840	2.7551	2.7167	2.4239	2.3753	2.3566	2.3282	2.3239
湖北省	2.8247	2.8534	2.7534	2.6637	2.6542	2.3389	2.2907	2.2840	2.3093	2.3088
湖南省	3.0629	3.0728	2.9466	2.8695	2.8654	2.6972	2.6411	2.6234	2.6222	2.6243
内蒙古 自治区	3.0997	3.2098	3.2006	3.0727	3.0416	2.8941	2.8417	2.8391	2.8405	2.8345
广西壮族 自治区	3.8333	3.8819	3.7558	3.6041	3.5360	2.9115	2.8410	2.7904	2.7342	2.6932
重庆市	3.4820	3.5166	3.3226	3.1248	3.1108	2.7151	2.6499	2.5930	2.5639	2.5474
四川省	3.0655	3.1015	3.0394	2.9206	2.9004	2.6522	2.5925	2.5573	2.5292	2.5131
贵州省	4.2042	4.2798	4.0735	3.9791	3.9345	3.4869	3.3799	3.3275	3.3055	3.2788
云南省	4.2707	4.2810	4.0649	3.9338	3.8908	3.3405	3.2589	3.1998	3.1720	3.1429
陕西省	4.0994	4.1101	3.8234	3.6288	3.5981	3.1508	3.0717	3.0407	3.0267	3.0016
甘肃省	4.0272	4.0032	3.8510	3.8340	3.8070	3.5560	3.4738	3.4265	3.4456	3.4377

年份 区域	2008	2009	2010	2011	2012	2013	2014	2015	2016	2017
青海省	3.8026	3.7929	3.5869	3.3858	3.2746	3.1497	3.0629	3.0935	3.0882	3.0826
宁夏回族 自治区	3.5127	3.4643	3.2823	3.2493	3.2088	2.8262	2.7687	2.7620	2.7562	2.7447
新疆维吾 尔自治区	3.2636	3.1566	2.9388	2.8506	2.8029	2.6880	2.6610	2.7877	2.7951	2.7862

2. 城乡泰尔指数

泰尔指数又称为泰尔熵标准，是由泰尔将信息论中平均信息量——熵的概念引入收入差距计算的一种方法，也是近年来学术界较为常用的一种衡量城乡收入差距的指标。

第一，若事件 A 发生的概率为 p，A 事件发生的信息量：

$$e(p) = \ln(1/p) \tag{6-2}$$

第二，由 n 个事件构成的完备事件组 N 对应的发生概率依次为 p_1, p_2, …, p_n, $p_i \geq 0$ 且 $\sum_{i=1}^{n} p_i = 1$，熵 E(N)：

$$E(N) = \sum_{i=1}^{n} p_i e(p_i) = \sum_{i=1}^{n} p_i \ln\left(\frac{1}{p_i}\right) = -\sum_{i=1}^{n} p_i \ln p_i \tag{6-3}$$

第三，将以上熵指数 E(N) 用于衡量收入分配差距时，收入分配越均等化，E(N) 就越大，反之亦然。具体而言，将人口占比转化为收入占比的信息所包含的信息量，则用于测度收入差距的泰尔指数 T：

$$T = \frac{1}{n} \sum_{i=1}^{n} \frac{y_i}{\bar{y}} \ln\left(\frac{y_i}{\bar{y}}\right) \tag{6-4}$$

其中，y_i 为个体 i 的收入，$\bar{y}$ 为平均收入。

第四，用 y_{ut}、y_{rt} 分别表示 t 年某地区城镇、农村居民总收入（用该地区城镇、农村居民可支配收入与城镇、农村人口总数的乘积计算得出），y_t 表示当年该地区居民总收入；s_{ut}、s_{rt} 分别表示 t 年该地区城镇、农村人口数量，s_t 表示当年该地区人口总数，则某地区 t 年城乡收入差距的泰尔指数 T_{urt}：

$$T_{urt} = \frac{y_{ut}}{y_t}\ln\left[\left(\frac{y_{ut}}{y_t}\right)\bigg/\frac{s_{ut}}{s_t}\right] + \frac{y_{rt}}{y_t}\ln\left[\left(\frac{y_{rt}}{y_t}\right)\bigg/\frac{s_{rt}}{s_t}\right] \qquad (6-5)$$

用泰尔指数对我国城乡收入差距进行测度的结果如表6-3及表6-4所示。

表6-3　全国及四大板块城乡收入差距测度结果：泰尔指数

年份 区域	2008	2009	2010	2011	2012	2013	2014	2015	2016	2017
全国	0.1438	0.1413	0.1305	0.1216	0.1179	0.1113	0.1058	0.1023	0.0994	0.0962
东部地区	0.0932	0.0922	0.0850	0.0787	0.0760	0.0692	0.0656	0.0632	0.0611	0.0594
东北地区	0.0881	0.0911	0.0803	0.0711	0.0697	0.0720	0.0687	0.0690	0.0677	0.0669
中部地区	0.1417	0.1428	0.1338	0.1249	0.1211	0.0993	0.0939	0.0912	0.0890	0.0867
西部地区	0.1966	0.1958	0.1816	0.1696	0.1636	0.1378	0.1297	0.1265	0.1231	0.1194

表6-4　各省（自治区、直辖市）城乡收入差距测度结果：泰尔指数

年份 区域	2008	2009	2010	2011	2012	2013	2014	2015	2016	2017
北京市	0.0298	0.0290	0.0250	0.0255	0.0250	0.0332	0.0324	0.0321	0.0319	0.0321
天津市	0.0487	0.0474	0.0426	0.0339	0.0299	0.0223	0.0208	0.0203	0.0201	0.0201
河北省	0.1268	0.1294	0.1185	0.1046	0.1014	0.0906	0.0857	0.0835	0.0817	0.0799
上海市	0.0230	0.0227	0.0208	0.0204	0.0204	0.0212	0.0207	0.0240	0.0231	0.0232
江苏省	0.0924	0.0925	0.0816	0.0749	0.0729	0.0657	0.0619	0.0595	0.0575	0.0557
浙江省	0.0822	0.0821	0.0743	0.0703	0.0692	0.0534	0.0504	0.0485	0.0470	0.0452
福建省	0.1186	0.1167	0.1129	0.1052	0.1009	0.0786	0.0745	0.0724	0.0702	0.0676
山东省	0.1269	0.1273	0.1211	0.1106	0.1080	0.0915	0.0860	0.0820	0.0791	0.0766
广东省	0.1066	0.1084	0.0969	0.0888	0.0866	0.0766	0.0741	0.0715	0.0703	0.0690
海南省	0.1249	0.1251	0.1279	0.1195	0.1161	0.0950	0.0882	0.0837	0.0798	0.0774
辽宁省	0.0863	0.0896	0.0819	0.0732	0.0709	0.0772	0.0747	0.0732	0.0718	0.0712
吉林省	0.0982	0.1021	0.0889	0.0816	0.0799	0.0673	0.0648	0.0675	0.0662	0.0654
黑龙江省	0.0804	0.0822	0.0694	0.0573	0.0567	0.0673	0.0624	0.0629	0.0620	0.0613
山西省	0.1535	0.1588	0.1552	0.1473	0.1424	0.1128	0.1063	0.1042	0.1010	0.0982

年份 区域	2008	2009	2010	2011	2012	2013	2014	2015	2016	2017
安徽省	0.1514	0.1524	0.1404	0.1379	0.1319	0.1029	0.0961	0.0935	0.0917	0.0893
江西省	0.1220	0.1224	0.1145	0.1021	0.1003	0.0910	0.0874	0.0842	0.0814	0.0793
河南省	0.1450	0.1456	0.1362	0.1240	0.1193	0.0942	0.0893	0.0867	0.0832	0.0814
湖北省	0.1251	0.1263	0.1139	0.1045	0.1014	0.0782	0.0736	0.0718	0.0721	0.0706
湖南省	0.1473	0.1467	0.1368	0.1287	0.1264	0.1120	0.1062	0.1029	0.1003	0.0977
内蒙古 自治区	0.1342	0.1375	0.1322	0.1222	0.1178	0.1073	0.1026	0.1009	0.0991	0.0970
广西壮族 自治区	0.2115	0.2131	0.2026	0.1883	0.1802	0.1323	0.1254	0.1202	0.1147	0.1102
重庆市	0.1624	0.1604	0.1454	0.1288	0.1235	0.0974	0.0912	0.0856	0.0810	0.0775
四川省	0.1524	0.1537	0.1483	0.1367	0.1334	0.1130	0.1058	0.1017	0.0979	0.0950
贵州省	0.2507	0.2567	0.2390	0.2311	0.2265	0.1896	0.1746	0.1677	0.1626	0.1574
云南省	0.2519	0.2512	0.2342	0.2212	0.2136	0.1710	0.1630	0.1562	0.1515	0.1466
陕西省	0.2214	0.2184	0.1944	0.1782	0.1694	0.1384	0.1307	0.1260	0.1222	0.1176
甘肃省	0.2329	0.2293	0.2160	0.2132	0.2086	0.1878	0.1791	0.1731	0.1716	0.1676
青海省	0.2044	0.2012	0.1812	0.1643	0.1543	0.1439	0.1356	0.1365	0.1337	0.1305
宁夏回族 自治区	0.1756	0.1701	0.1541	0.1477	0.1434	0.1155	0.1090	0.1058	0.1036	0.1000
新疆维吾 尔自治区	0.1661	0.1574	0.1366	0.1290	0.1248	0.1152	0.1114	0.1197	0.1188	0.1167

泰尔指数将城乡人口结构变化纳入指标计算中，对底层、上层数据较为敏感，可以较为综合地反映城乡居民收入差距，本章在实证分析时主要运用城乡泰尔指数来衡量城乡收入差距。

第二节　我国城乡收入差距的基本特征

尽管近年来我国城乡收入差距扩大的趋势有所缓和，但从总体上看，我国城乡收入差距过大仍是不争的事实。影响城乡收入差距的因素涉及经济、社会、制度、地理位置等众多方面。本节主要从时间维度特征和区域差异特征两个方面来分析 2008—2017 年我国城乡收入差距的变化趋势。

一、城乡收入差距的时间变化

衡量城乡收入差距的基础是分别考察城镇、农村居民人均可支配收入（或农村居民人均纯收入）的变化。如图 6-1 所示，我国城镇居民人均可支配收入在 2008—2017 年均高于农村居民人均可支配收入，并且城镇、农村居民人均可支配收入均呈现逐年增加的趋势。其中，城镇居民人均可支配收入由 2008年的 15549 元上升至 2017 年的 36396 元，增加了 20847 元；农村居民人均可支配收入由 2008 年的 4999 元上升至 2017 年的 13432 元，增加了 8433 元。2017年城镇居民人均可支配收入增量最高，比 2016 年增加了 2780 元；农村居民人均可支配收入增量最高的年度也是 2017 年，比 2016 年增加了 1069 元。[1]

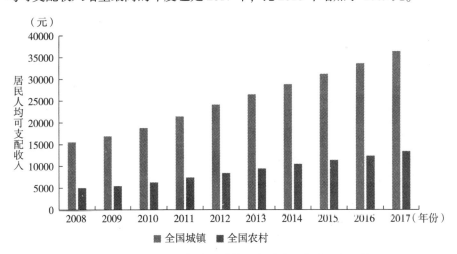

图 6-1　2008—2017 年中国城镇、农村居民人均可支配收入

资料来源：由笔者绘制。

---

[1] 本章图表数据主要来源于历年《中国统计年鉴》、各省统计年鉴、中国经济与社会发展统计数据库、《中国人口和就业统计年鉴》及 Wind 数据库等，部分数据经计算得出，图表中不再一一标明数据来源。

对于城乡收入差距的测度，最直观和最简便的方法就是城乡收入比，而泰尔指数可以将人口因素纳入城乡收入差距的考察中，更符合我国城乡人口数量变动较大的实际国情，2008—2017 年中国城乡收入差距变化趋势如图 6-2 所示。

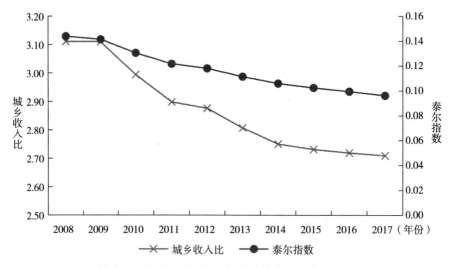

图 6-2　2008—2017 年中国城乡收入差距变化趋势

资料来源：由笔者绘制。

2008—2017 年我国城乡收入比和城乡泰尔指数均呈现不断降低的趋势，即我国城乡收入差距在近 10 年中不断缩小。其中，城乡收入比从 2008 年的 3.1106 下降至 2017 年的 2.7096，城乡泰尔指数从 2008 年的 0.1438 下降至 2017 年的 0.0962。由于未包含人口流动的因素，城乡收入比的变动幅度比城乡泰尔指数稍大一些，但两种测度方法的结果均反映了我国城乡收入差距不断缩小的事实。

总体而言，改革开放以来，我国城乡收入差距呈倒"U"形变化趋势，2008—2017 年，在我国城镇化发展从传统城镇化模式向新型城镇化发展转型的阶段中，城乡收入差距不断缩小，处于倒"U"形的后半部分。我国城乡收入差距先扩大后缩小的变化规律来源于市场经济体制运行与政策倾向影响的双重作用，社会主义市场经济体制建立之初，生产要素活力被不断释放，非农产业的快速发展和城镇聚集效应不断显现，使城镇、农村居民收入差距不断扩大。此外，我国重工业优先发展战略及改革开放初期到传统城镇化阶段城市偏向的政策倾向也加剧了城乡收入差距的拉大。2014 年，《国家新型城镇化规划（2014—2020 年）》提出的同时，中央审议通过《关于引导农村土地经营权有序流转发展农业适度规模经营的意见》，"三权分置"正式提出，极大地促进了农业生产效率的提升，农业现代化进程不断推进；[①] 城市偏向的政策倾向也有所扭转，随着"乡村振兴"战略的实施推广，国家对农村的扶持力度不断加大，农村居民家庭收入显著提升。

二、城乡收入差距的区域差异

考察四大区域板块城镇、农村居民人均可支配收入的变化。由于区域经济发展水平的不同，我国四大区域板块的城镇、农村居民人均可支配收入差异明显。如图 6-3 所示，2008—2017 年东部地区城镇、农村居民人均可支配收入一直位列四大区域板块之首，其中，城镇居民人均可支配收入由 2008 年的 19228 元上升至 2017 年的 43829 元，增加了 24601 元，远超全国同期水平；农村居民人均可支配收入由 2008 年的 7405 元上升至 2017 年的 19095 元，增加了 11690 元。排在四大区域板块城镇居民人均可支配收入第二位的是中部地区，由 2008 年的 13197 元上升至 2017 年的 31228 元，增加了 18031 元；但其农村居民人均可支配收入仅排在第三位，由 2008 年的 4437 元上升至 2017 年的 12709 元，增加了 8272 元。四大区域板块中城镇居民人均可支配收入排名第三的是东北地区，其农村居民人均可支配收入排在第二位，其中，城镇居民人均可支配收入由 2008 年的 12935 元上升至 2017 年的 30253 元，增加了 17318 元；农村居民人均可支配收入由 2008 年的 5122 元上升至 2017 年的 13121 元，增加了 7999 元。西部地区城镇、农村居民人均可支配收入均排在四大区域板块的最后，其城镇居民人均可支配收入由 2008 年的 12765 元上升至 2017 年的 30651 元，增加了 17886 元；农村居民人均可支配

---

① 《关于引导农村土地经营权有序流转发展农业适度规模经营的意见》，《人民日报》2014 年 11 月 21 日第 3 版。

收入由 2008 年的 3509 元上升至 2017 年的 10645 元，增加了 7136 元。值得一提的是，与 2008 年相比，四大区域板块中，西部地区城镇居民人均可支配收入的增加值在这十年中超过了东北地区，显现出较为强劲的上升趋势。

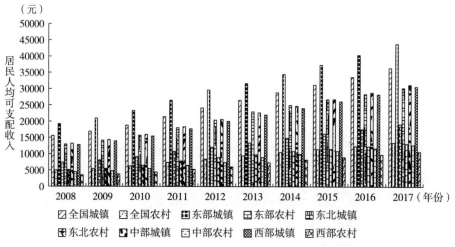

图 6-3　全国及四大区域板块城镇、农村居民人均可支配收入

资料来源：由笔者绘制。

基于四大区域板块城镇、农村居民人均可支配收入的差异，我国城乡收入比也呈现出一定的区域差异特征。图 6-4 为全国及四大区域板块城乡收入比的变化，总体上来看，城乡收入比都在不断下降且区域间城乡收入比的差额也在缩小，即四大区域板块城乡收入差距都在不断缩小且它们之间的差距也在减小。2017 年，四大区域板块城乡收入比从低到高依次是东部地区、东北地区、中部地区和西部地区，受区域经济发展水平影响较大。

与城乡收入比相似，采用泰尔指数对城乡收入差距进行测度的结果也显示，四大区域板块城乡收入差距都在不断缩小且各区域城乡收入差距呈收敛趋势，区域间差距不断缩小。如图 6-5 所示，2017 年，四大区域板块泰尔指数从低到高依次是东部地区、东北地区、中部地区和西部地区，这也与城乡收入比一致。经济发展水平的不同、资源禀赋的差异、经济战略规划的历史原因、政策倾向等诸多因素造成了四大区域板块城乡收入差距的差异。将

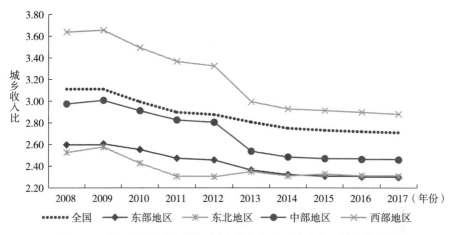

图6-4　全国及四大区域板块城乡收入差距变动趋势：城乡收入比

资料来源：由笔者绘制。

图6-4和图6-5进行对比，可以发现，尽管采用城乡收入比和泰尔指数测度的结果在方向和收敛趋势上具有一致性，但两者仍存在一定的差别，泰尔指数的波动幅度较缓，并且更为精准。

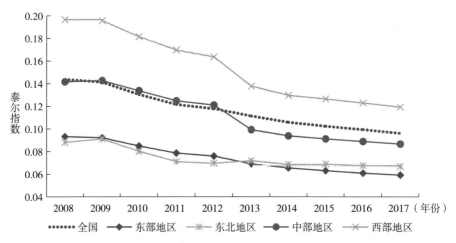

图6-5　全国及四大区域板块城乡收入差距变动趋势：泰尔指数

资料来源：由笔者绘制。

第三节　新型城镇化发展对城乡收入差距影响的实证分析

新型城镇化的本质是人的城镇化，通过促使劳动力乡城转移，使农业人口比例不断下降，从而缩小城乡收入增长率的差距，影响城乡收入差距；同时，新型城镇化会促进产业结构调整，改变要素边际报酬，从而影响收入分配。除此之外，统筹城乡一体化发展的政策倾向也会对传统城镇化进程中的城市倾向政策进行弥合，对城乡收入差距产生一定的影响。基于以上理论分析和研究假说，本节通过实证分析检验新型城镇化发展对城乡收入差距的影响。

一、数据来源、变量选取与模型设定

1. 数据来源

主要采用2008—2017年省际面板数据，实证检验新型城镇化发展对城乡收入差距的影响，数据主要来源于《中国统计年鉴》、各省统计年鉴、中国经济与社会发展统计数据库、《中国人口和就业统计年鉴》及Wind数据库等。

2. 变量选取

被解释变量：城乡收入差距GT，本节用泰尔指数来测度城乡收入差距，具体计算结果见表6-3及表6-4。

核心解释变量：新型城镇化发展质量UQ，即本书第四章基于新发展理念测度出的新型城镇化发展质量综合得分。

解释变量：劳动力转移MR，忽略人口的自然增长，在一般情况下，非农就业人数占总就业人数的比重可以反映出劳动力由农村向城镇转移的事实。产业结构变化，借鉴干春晖等（2011）的研究，本书用产业结构合理化SR和产业结构高级化SH两项指标进行衡量。产业结构合理化指标要能反映出产业间协调程度及资源利用程度，即聚合质量，可以用泰尔指数进行度量，具体计算如下：

$$SR = \sum_{i=1}^{3} \frac{Y_i}{Y} \ln\left(\frac{Y_i}{L_i} \middle/ \frac{Y}{L}\right) \tag{6-6}$$

其中，i表示所属三次产业的具体部类，Y为总产值，Y_i表示第i产业产值，L为总就业人数，L_i表示第i产业就业人数。产业结构高级化要能衡量产业结构的升级，基于克拉克定律和我国新型城镇化发展阶段"经济服务化"的事实，用第三产业产值与第二产业产值之比来表示。政策倾向PB，可以侧面反映政策对农村的倾斜程度，用地方财政农林水事务支出进行衡量。

控制变量：经济发展水平PGDP，用区域人均GDP表示。教育投入EDU，用国家财政性教育经费占财政支出比重表示。全社会固定资产投资PK，用人均全社会固定资产投资表示。为消除相关数据的异方差性，在估计模型时，对新型城镇化发展质量UQ、政策倾斜PB、经济发展水平PGDP、人均全社会固定资产投资PK取自然对数。

3. 模型设定

基于前文的机理分析，除了核心解释变量外，将劳动力转移、产业结构变化和政策倾向作为解释变量，同时，借鉴陆铭和陈钊（2004）的研究，引入可能会对城乡收入差距变化造成一定影响的其他因素作为控制变量，构建以下实证分析模型：

$$GT_{it} = \alpha_0 + \alpha_1 UQ_{it} + \alpha_2 MR_{it} + \alpha_3 SR_{it} + \alpha_4 SH_{it} + \alpha_5 PB_{it} + \beta_1 PGDP_{it} +$$
$$\beta_2 EDU_{it} + \beta_3 PK_{it} + \xi_{it} \tag{6-7}$$

其中，i为截面单元序号，t代表年份，ξ_{it}为残差项，模型中各变量含义及类型如表6-5所示。由于城乡收入差距变化除了受其他因素影响外，在很大程度上也受上期值的影响，即存在一定的路径依赖，当期值在很大程度上会影响下期值。因此，有必要在实证分析中考虑其变化的动态性，在式（6-7）的基础上，引入滞后一期的城乡收入差距，建立动态面板模型：

$$GT_{it} = \alpha_0 + \theta GT_{it-1} + \alpha_1 UQ_{it} + \alpha_2 MR_{it} + \alpha_3 SR_{it} + \alpha_4 SH_{it} + \alpha_5 PB_{it} +$$
$$\beta_1 PGDP_{it} + \beta_2 EDU_{it} + \beta_3 PK_{it} + u_i + \xi_{it} \tag{6-8}$$

其中，GT_{it-1}为城乡收入差距GT_{it}的滞后项，u_i为不可观测的随机变量，代表个体异质性的截距项，u_i 和 ξ_{it} 两部分共同构成复合扰动项。本章将同时采用静态模型和动态模型进行回归分析，在进行动态模型分析时使用广义矩估计进行回归分析。模型中变量含义及其说明如表6-5所示。

表6-5 变量说明

变量类别	符号	变量名称	说明
被解释变量	GT	城乡收入差距	用泰尔指数进行测度
核心解释变量	UQ	新型城镇化	新型城镇化发展质量得分
解释变量	MR	劳动力转移	非农就业人数占总就业人数的比重
	SR	产业结构合理化	用泰尔指数进行度量
	SH	产业结构高级化	第三产业产值与第二产业产值之比
	PB	政策倾向	地方财政农林水事务支出
控制变量	PGDP	经济发展水平	人均GDP
	EDU	教育投入	国家财政性教育经费占财政支出比重
	PK	固定资产投入	人均全社会固定资产投资

二、基于动静态估计结合的基准回归及结果分析

整理数据，变量描述性统计如表6-6所示。

表6-6 变量描述性统计

变量	样本观测数	均值	标准差	最小值	最大值
GT	300	0.109	0.051	0.020	0.257
lnUQ	300	3.012	0.801	1.531	5.135
MR	300	0.640	0.149	0.289	0.969
SR	300	0.298	0.177	0.029	0.826
SH	300	1.020	0.603	0.381	4.237
lnPB	300	5.777	0.669	3.652	6.916
lnPGDP	300	10.575	0.512	9.196	11.768
EDU	300	0.180	0.028	0.111	0.282
lnPK	300	10.216	0.536	8.517	11.312

1. 静态回归分析

为确保估计结果的稳健性，采用多种估计方法对模型进行回归分析。首先，使用加入个体虚拟变量的最小二乘虚拟变量模型进行估计，LSDV 估计的结果如表 6-7 所示，其中模型 Ⅰ 为未加入控制变量的估计结果，模型 Ⅱ 为加入控制变量后的估计结果。由于扰动项可能存在组内自相关或组间异方差等问题，采用 FGLS 估计可以有效地解决相关问题，因此，再使用 FGLS 法对模型进行估计，同样地，模型 Ⅲ 为未加入控制变量的估计结果，模型 Ⅳ 为加入控制变量后的估计结果。最后，根据 Hausman 检验的结果，采用固定效应模型再次进行估计，模型 Ⅴ 为未加入控制变量的估计结果，模型 Ⅵ 为加入控制变量后的估计结果。

表 6-7　静态回归结果

解释变量	LSDV		FGLS		FE	
	模型 Ⅰ	模型 Ⅱ	模型 Ⅲ	模型 Ⅳ	模型 Ⅴ	模型 Ⅵ
lnUQ	-0.074 ***	-0.053 ***	-0.070 ***	-0.036 ***	-0.074 ***	-0.053 ***
	(0.006)	(0.008)	(0.004)	(0.007)	(0.011)	(0.013)
MR	-0.005	0.055	0.007	0.069 *	-0.005	0.055
	(0.049)	(0.047)	(0.020)	(0.038)	(0.079)	(0.062)
SR	0.040 ***	0.039 **	0.046 ***	0.066 ***	0.040 **	0.039 **
	(0.016)	(0.016)	(0.008)	(0.011)	(0.017)	(0.018)
SH	0.026 ***	0.016 ***	0.017 ***	0.009 ***	0.026 ***	0.016 ***
	(0.004)	(0.004)	(0.002)	(0.003)	(0.007)	(0.004)
lnPB	-0.001	0.010 **	-0.000	0.006 *	-0.001	0.010 **
	(0.004)	(0.004)	(0.003)	(0.003)	(0.005)	(0.004)
lnPGDP		-0.012		-0.025 ***		-0.012
		(0.010)		(0.007)		(0.009)
EDU		-0.070 *		-0.008		-0.070
		(0.040)		(0.026)		(0.049)
lnPK		-0.019 ***		-0.009 ***		-0.019 ***
		(0.006)		(0.002)		(0.008)

解释变量	LSDV		FGLS		FE	
	模型 I	模型 II	模型 III	模型 IV	模型 V	模型 VI
常数项	0.257 ***	0.434 ***			0.301 ***	0.483 ***
	(0.035)	(0.066)			(0.034)	(0.083)
R^2	0.970	0.974			0.845	0.866

注：括号内为标准误差；* 、** 、*** 分别表示10%、5%、1%的显著性水平。

　　静态回归结果显示，在1%的显著性水平上，新型城镇化发展对城乡收入差距的影响为负，即新型城镇化发展质量的提升会缩小城乡收入差距，这一结论在三种估计方法的回归结果中都得到了验证，并且无论加入控制变量与否，都未对系数的正负产生影响。LSDV、FGLS、FE 三种估计方法得出的新型城镇化发展对城乡收入差距影响的系数也较为接近，从加入控制变量的固定效应模型估计结果来看，在其他条件不变的情况下，新型城镇化发展质量每提升1%，城乡收入差距的泰尔指数将降低0.053%，综合所有实证结果来看，新型城镇化发展有利于缩小城乡收入差距。

　　其他解释变量中，产业结构合理化、产业结构高级化及政策倾向都对城乡收入差距影响显著，只有劳动力转移对城乡收入差距的影响不显著。具体来看，在其他条件不变的情况下，无论是否加入控制变量，回归结果都显示产业结构变化正向作用于城乡收入差距，这与机理分析中产业结构有利于缩小城乡收入差距的结论是相反的，实证结果认为现阶段无论是产业结构合理化还是产业结构高级化都会扩大城乡收入差距，这可能是由于产业结构合理化和高级化导致吸纳的劳动力大多为人力资本水平较高的那部分劳动力，这些收入较高的劳动力即使是转移人口，可能在就业过程中也有能力在城镇安家落户，获得城镇户籍，最终在统计学意义上扩大了城乡收入差距。未加入控制变量时，政策倾向对城乡收入差距作用的回归结果不显著，加入控制变量后，政策倾向在5%或10%的显著性水平上倾向于缩小城乡收入差距。但无论是否加入控制变量，政策倾向的系数值都非常小，几乎可以忽略，这说明，目前政策倾向的力度还不足以对城乡收入差距产生明显的影响。

控制变量中，LSDV、FGLS、FE 三种估计方法的结果都显示固定资产投资对城乡收入差距影响显著，固定资产投资力度的加大有利于缩小城乡收入差距，这可能是由于固定资产投资的方向大多为需要大量农民工的基础设施建设领域，给大量农业转移人口带来了就业机会，提高了其收入水平。固定效应模型的结果显示，经济发展水平和教育投入对城乡收入差距的影响不显著。

总体来看，实证结果一致显示，新型城镇化发展具有显著地缩小城乡收入差距的作用。但固定效应回归结果显示，劳动力转移对城乡收入差距的影响不显著，产业结构变化会扩大城乡收入差距，政策倾向对城乡收入差距的影响微乎其微，这些都与机理分析相悖。这可能是由于使用静态回归模型时，无法考察滞后一期的城乡收入差距对当期的影响，因此，本章将进行动态回归分析，进一步检验新型城镇化对城乡收入差距的影响。

2. 动态回归分析

除劳动力转移、产业结构变化、政策倾向、经济发展水平等诸多因素会对城乡收入差距产生影响外，城乡收入差距本身也存在一定的路径依赖，其当期值很大程度会影响下期值。因此，需要在实证分析中考虑其变化的动态性，引入包含滞后项的动态模型进行研究。本节主要采用差分 GMM 法进行估计，其中分别进行一步差分和两步差分，进行差分 GMM 估计时，先进行一阶差分消除个体效应，ΔGT_{it-1} 为内生变量，此时，一步差分是根据 "Anderson-Hsiao 估计量" 将 GT_{it-2} 作为 ΔGT_{it-1} 的工具变量进行估计，在扰动项不存在自相关时，GT_{it-2} 为有效的工具变量。

使用差分 GMM 进行估计的前提是扰动项不存在自相关，需要对扰动项自相关性进行检验，检验结果显示，扰动项自相关检验 AR（1）、AR（2）对应的 P 值分别为 0.000 和 0.224，说明扰动项的差分存在一阶自相关，但不存在二阶自相关，接受 "扰动项无自相关" 的原假设。使用 Sargan 检验对模型的有效性进行检验，原假设为模型过度约束有效，若通过检验，说明工具变量有效，模型设定无误。两步差分 GMM 估计下，过度识别检验的 P 值为 0.799，无法拒绝 "所有工具变量均有效" 的原假设，可以使用差分 GMM 估计。回归结果如表 6-8 所示，GMM-1 为一步法估计结果，其中，模型I为未加入控制变量的估计结果，模型Ⅱ为加入控制变量后的估计结果。GMM-2 为两步法估计结果，模型Ⅲ为未加入控制变量的估计结果，模型Ⅳ为加入控制变量后的估计结果。

表 6-8　动态回归结果

解释变量	GMM-1		GMM-2	
	模型 I	模型 Ⅱ	模型 Ⅲ	模型 Ⅳ
L. GT	0.607 ***	0.553 ***	0.602 ***	0.549 ***
	(0.070)	(0.070)	(0.009)	(0.023)
lnUQ	-0.026 ***	-0.026 **	-0.023 ***	-0.026 ***
	(0.009)	(0.012)	(0.003)	(0.007)
MR	-0.076	-0.075	-0.111 ***	-0.112 **
	(0.055)	(0.058)	(0.025)	(0.048)
SR	0.004	-0.010	0.002	-0.011
	(0.019)	(0.019)	(0.006)	(0.016)
SH	0.007 *	0.002	0.006 ***	0.002
	(0.004)	(0.005)	(0.001)	(0.001)
lnPB	0.002	0.005	0.002 *	0.004 **
	(0.006)	(0.006)	(0.001)	(0.002)
lnPGDP		-0.002		0.004
		(0.013)		(0.005)
EDU		-0.135 ***		-0.134 ***
		(0.037)		(0.018)
lnPK		-0.005		-0.005 **
		(0.004)		(0.002)
常数项	0.156 ***	0.245 ***	0.172 ***	0.221 ***
	(0.039)	(0.094)	(0.013)	(0.055)

注：括号内为标准误差；*、**、*** 分别表示 10%、5%、1%的显著性水平。

动态回归结果并未明显偏离静态回归结果，说明使用差分 GMM 估计没有导致严重偏误。同静态回归结果一致，无论是否加入控制变量，两步差分

GMM 的回归结果都在 1% 的水平上显著，新型城镇化发展对城乡收入差距的影响为负向，即新型城镇化发展质量的提升会缩小城乡收入差距。模型Ⅰ、模型Ⅱ、模型Ⅲ、模型Ⅳ均显示，滞后一期的城乡收入差距对当期城乡收入差距影响显著，上期的城乡收入差距会扩大当期城乡收入差距，并且回归系数较大，说明城乡收入差距的变化具有一定的持续性。一步估计法和两步估计法得出的新型城镇化发展对城乡收入差距影响的系数也非常接近，加入控制变量的两步 GMM 估计结果显示，在其他条件不变的情况下，新型城镇化发展质量每提升 1%，城乡收入差距的泰尔指数将降低 0.026%。

两步 GMM 估计结果显示，无论是否加入控制变量，劳动力转移都对城乡收入差距影响显著，并且与机理分析一致，劳动力转移会缩小城乡收入差距。当其他条件不变，劳动力转移力度加大 1%，城乡收入差距的泰尔指数将降低 0.11%。在模型Ⅱ和模型Ⅳ中，产业结构合理化对城乡收入差距具有负向影响，即产业结构合理化有缩小城乡收入差距的倾向，产业结构高级化对城乡收入差距的影响为正，但回归系数很小，无论是产业结构合理化还是产业结构高级化的回归结果均不显著。模型Ⅳ显示，政策倾向对城乡收入差距作用显著，但其系数较小且为正向，说明目前政策倾向的方向和力度还不能起到缩小城乡收入差距的效果。

控制变量中，经济发展水平对城乡收入差距的影响不显著。模型Ⅱ、模型Ⅳ的结果都显示教育投入的增加可以显著地缩小城乡收入差距，通过提高农业转移人口人力资本水平，影响其收入水平，从而缩小城乡收入差距。两步差分 GMM 估计的结果显示，固定资产投资在 5% 的显著性水平上对城乡收入差距存在负向影响，即固定资产投资力度的加大有利于缩小城乡收入差距。

总体来看，静态回归和动态回归的结果都表明，新型城镇化发展有利于缩小城乡收入差距且作用显著。与静态回归结果不同的是，考虑滞后一期的城乡收入差距对当期的影响，两步差分 GMM 的结果显示，劳动力转移会显著缩小城乡收入差距，与机理分析一致。同时，产业结构变化对城乡收入差距的影响由静态回归中的显著变得不显著。与静态回归一致的是，两步差分

GMM 估计后，政策倾向对城乡收入差距的影响依然显著，但回归系数同样较小，可能是长期以来我国城市倾向的政策还具有一定的惯性且目前对农村的政策扶持力度不够造成的。

三、区域异质性回归及结果分析

1. 区域异质性的静态回归分析

采用固定效应模型分析新型城镇化发展对城乡收入差距影响的区域异质性，如表6-9所示。

表6-9 分区域静态回归结果：FEM

解释变量	全国	东部地区	东北地区	中部地区	西部地区
lnUQ	−0.053 ***	−0.017	−0.022	−0.058	−0.055 ***
	(0.013)	(0.016)	(0.035)	(0.029)	(0.014)
MR	0.055	−0.105	−0.078	0.102	0.033
	(0.062)	(0.080)	(0.043)	(0.275)	(0.081)
SR	0.039 **	0.134	−0.039	−0.003	0.001
	(0.018)	(0.107)	(0.030)	(0.040)	(0.035)
SH	0.016 ***	0.014 ***	0.003	−0.011	0.008
	(0.004)	(0.004)	(0.004)	(0.009)	(0.010)
lnPB	0.010 **	0.005	−0.001	−0.005	0.013
	(0.004)	(0.004)	(0.010)	(0.012)	(0.008)
lnPGDP	−0.012	0.009	−0.024	0.005	−0.025
	(0.009)	(0.013)	(0.037)	(0.025)	(0.022)
EDU	−0.070	0.000	−0.097	−0.155	−0.219
	(0.049)	(0.028)	(0.118)	(0.085)	(0.163)
lnPK	−0.019 **	−0.028 **	0.005	−0.006	−0.022
	(0.008)	(0.009)	(0.005)	(0.006)	(0.012)
常数项	0.483 ***	0.338 ***	0.422	0.296	0.700 ***
	(0.083)	(0.102)	(0.216)	(0.233)	(0.180)
R^2	0.866	0.923	0.865	0.907	0.920

注：括号内为标准误差；* 、** 、*** 分别表示10%、5%、1%的显著性水平。

分区域静态回归的结果显示，东部地区新型城镇化发展对区域城乡收入差距有负向作用，但并不显著。产业结构高级化会扩大东部地区城乡收入差距，由于东部地区大多为经济发达省市，产业结构高级化对人力资本水平要求较高，间接扩大了城乡收入差距。固定资产投资力度的加大有利于缩小东部地区城乡收入差距，若其他条件不变，固定资产投资每增加1%，城乡收入差距的泰尔指数将降低0.028%。东北和中部地区由于观测样本不足，回归结果不显著，不具备统计学意义。西部地区新型城镇化发展有利于城乡收入差距的缩小，通过了1%的显著性水平检验，在其他条件不变的情况下，西部地区新型城镇化发展质量每提高1%，将促使区域城乡收入差距的泰尔指数降低0.055%。

2. 区域异质性的动态回归分析

考虑滞后一期的城乡收入差距对当期的影响，采用差分GMM估计不同区域板块新型城镇化对城乡收入的差距，回归结果如表6-10所示。

表6-10　分区域动态回归结果：GMM

解释变量	全国	东部地区	东北地区	中部地区	西部地区
L. GT	0.553 ***	0.211 *	0.421 **	0.670 ***	0.343 ***
	(0.070)	(0.117)	(0.192)	(0.153)	(0.122)
lnUQ	−0.026 **	0.009	−0.038	−0.077 **	−0.038 *
	(0.012)	(0.012)	(0.027)	(0.035)	(0.020)
MR	−0.075	−0.379 ***	−0.203 ***	0.155	0.017
	(0.058)	(0.095)	(0.068)	(0.165)	(0.086)
SR	−0.010	−0.042	−0.041	−0.004	0.003
	(0.019)	(0.072)	(0.031)	(0.071)	(0.029)
SH	0.002	0.010 **	−0.005	0.012	−0.012
	(0.005)	(0.005)	(0.009)	(0.017)	(0.010)
lnPB	0.005	−0.006	0.018	−0.025	0.018
	(0.006)	(0.005)	(0.011)	(0.019)	(0.011)

续表

解释变量	全国	东部地区	东北地区	中部地区	西部地区
lnPGDP	−0.002	0.000	0.000	0.074*	−0.036
	(0.013)	(0.015)	(0.016)	(0.042)	(0.025)
EDU	−0.135***	−0.0319	−0.149	−0.171*	−0.343***
	(0.037)	(0.024)	(0.114)	(0.100)	(0.094)
lnPK	−0.005	−0.013	0.005	−0.002	−0.005
	(0.004)	(0.009)	(0.005)	(0.007)	(0.010)
常数项	0.245***	0.482***	0.175	−0.392	0.579***
	(0.094)	(0.097)	(0.126)	(0.302)	(0.189)

注：括号内为标准误差；*、**、***分别表示10%、5%、1%的显著性水平。

　　四大区域板块的 GMM 估计结果显示：第一，东部地区新型城镇化发展对区域城乡收入差距具有正向作用，但系数较小且并不显著，造成系数为正的原因可能在于东部地区为新型城镇化发展质量较高的区域，大多省市位于城市化发展后期阶段，此时城镇化发展缓慢，甚至会出现逆城市化倾向。劳动力转移有利于缩小东部地区城乡收入差距，劳动力转移每增加1%，城乡收入差距的泰尔指数降低0.379%。产业结构高级化会扩大东部地区城乡收入差距，产业结构高级化每增加1%，城乡收入差距的泰尔指数提高0.01%。第二，东北地区新型城镇化发展对区域城乡收入差距有负向作用，但并不显著。劳动力转移对城乡收入差距的缩小有显著作用，劳动力转移每增加1%，城乡收入差距的泰尔指数降低0.203%。第三，中部地区新型城镇化发展有利于城乡收入差距的缩小，在其他条件不变的情况下，中部地区新型城镇化发展质量每提高1%，促使区域城乡收入差距的泰尔指数降低0.077%。同时，经济发展水平每增加1%，城乡收入差距的泰尔指数扩大0.074%；教育投入每增加1%，城乡收入差距的泰尔指数缩小0.171%。第四，西部地区新型城镇化发展在10%的显著性水平上通过检验，若其他条件不变，西部地区新型城镇化发展质量每提高1%，区域城乡收入差距的泰尔指数降低0.038%。教育投入的增加会显著降低西部地区城乡收入差距，其每增加

1%，城乡收入差距的泰尔指数缩小 0.343%。四大区域板块的动态回归结果均显示，滞后一期的城乡收入差距对当期城乡收入差距影响显著，上期的城乡收入差距会扩大当期城乡收入差距，说明城乡收入差距的变化具有一定的持续性。但各区域上期城乡收入差距对当期城乡收入差距的影响程度不同，呈现出从中部地区到东北地区、西部地区、东部地区依次减弱的规律。

四、稳健性检验

本章采用了多种估计方法对模型进行回归分析，从静态回归和动态回归的结果来看，研究结论基本验证了机理分析。但由于城乡收入差距的度量有多种方法，为确保估计结果不受测度方法的影响，有必要进一步对实证分析的稳健性进行检验。用城乡收入比代替城乡收入差距的泰尔指数，对实证结果进行稳定性检验，模型Ⅰ为未加入控制变量的 FEM 估计结果，模型Ⅱ为加入控制变量后的 FEM 估计结果，模型Ⅲ为未加入控制变量的差分 GMM 估计结果，模型Ⅳ为加入控制变量后的差分 GMM 估计结果。具体估计结果如表 6-11 所示。

表 6-11　稳健性检验：城乡收入比

解释变量	FEM		GMM	
	模型Ⅰ	模型Ⅱ	模型Ⅲ	模型Ⅳ
L. GT			0.445 ***	0.431 ***
			(0.005)	(0.027)
lnUQ	−0.811 ***	−0.593 ***	−0.277 ***	−0.270 ***
	(0.136)	(0.196)	(0.031)	(0.089)
MR	−0.079	0.574	−1.499 ***	−1.422 ***
	(1.068)	(0.830)	(0.347)	(0.503)
SR	0.465 **	0.447 *	−0.0072	−0.174
	(0.204)	(0.234)	(0.116)	(0.146)
SH	0.326 ***	0.217 ***	0.138 ***	0.051 ***
	(0.092)	(0.063)	(0.015)	(0.013)

续表

解释变量	FEM		GMM	
	模型 I	模型 II	模型 III	模型 IV
lnPB	−0.002	0.109 *	−0.056 ***	−0.022
	(0.051)	(0.057)	(0.010)	(0.019)
lnPGDP		−0.085		−0.007
		(0.127)		(0.071)
EDU		−0.752		−1.705 ***
		(0.644)		(0.201)
lnPK		−0.229 **		−0.031
		(0.092)		(0.025)
常数项	4.830 ***	6.602 ***	3.727 ***	4.321 ***
	(0.442)	(1.286)	(0.202)	(0.709)
R²	0.779	0.800		

注：括号内为标准误差；*、**、*** 分别表示 10%、5%、1% 的显著性水平。

将城乡收入比作为代理变量对模型再次进行估计，固定效应模型和差分GMM 估计结果均显示，在 1% 的显著性水平上，新型城镇化发展有利于缩小城乡收入差距。第一，FEM 的估计结果显示，劳动力转移对城乡收入差距的影响不显著；产业结构合理化、高级化都不利于城乡收入差距的缩小；加入控制变量后的实证结果显示政策倾向有缩小城乡收入差距作用；固定资产投资力度的加大有利于缩小城乡收入差距，这些结论与前文基本一致。第二，差分 GMM 的估计结果显示，滞后一期的城乡收入差距会显著扩大当期城乡收入差距，城乡收入差距的变化具有一定的持续性。同时，劳动力转移有利于缩小城乡收入差距，产业结构高级化不利于城乡收入差距的缩小，教育投入的增加同样会显著缩小城乡收入差距，与前文基准回归的结果并无明显差异。综合以上回归结果来看，本章研究结果具有稳健性。

第四节　主要研究结论

福利的改善是多维度且存在递进关系的，从公平的视角来看，基本的物质需求被满足后，收入差距过大也会对福利造成损失。按照古典福利经济学的观点，整个社会收入差距越小，即国民收入均等化水平越高，社会福利水平就越高。本章从公平的视角出发，实证检验新型城镇化发展对城乡收入差距的影响，若新型城镇化发展有利于城乡收入差距的缩小，即意味着新型城镇化发展促进了收入均等化，有利于福利的提升。实证检验的结果显示，2008—2017年，新型城镇化发展显著缩小了城乡收入差距。

第一，基准回归中，静态回归和动态回归的结果都表明，无论是否加入控制变量，新型城镇化发展均有利于缩小城乡收入差距且作用显著。其中，含控制变量的固定效应回归结果中劳动力转移对城乡收入差距的影响不显著；产业结构变化会扩大城乡收入差距；政策倾向对城乡收入差距的影响虽然显著，但系数太小，可以忽略；固定资产投资力度的加大有利于缩小城乡收入差距；经济发展水平和教育投入对城乡收入差距的影响不显著。含控制变量的差分GMM估计结果显示，上期的城乡收入差距会扩大当期城乡收入差距，城乡收入差距的变化具有一定的持续性；劳动力转移会显著缩小城乡收入差距；产业结构合理化及产业结构高级化的回归结果均不显著；政策倾向对城乡收入差距作用显著，但系数值较小且为正向；经济发展水平对城乡收入差距的影响不显著；教育投入和固定资产投资的增加都有利于缩小城乡收入差距。

第二，分区域的静态回归中，固定效应模型估计结果显示，西部地区新型城镇化发展有利于城乡收入差距的缩小（由于观测样本不足，东部地区、东北地区和中部地区回归结果不显著）。同时，产业结构高级化会扩大东部地区城乡收入差距，固定资产投资力度的加大有利于缩小东部地区城乡收入差距。分区域的GMM估计结果显示，四大区域板块滞后一期的城乡收入差距对当期城乡收入差距影响显著，城乡收入差距的变化具有一定的持续性，但各区域影响程度呈现出从中部地区到东北地区、西部地区、东部地区依次减弱的规律；中西部区域板块新型城镇化发展都有缩小城乡收入差距的作用，东部地区和东北地区不显著；东部地区及东北地区劳动力转移均对城乡收入差距的缩小有显著作用；中部地区经济发展水平会扩大城乡收入差距；中西部地区教育投入的增加会显著降低区域城乡收入差距。

第三，将城乡收入比作为代理变量对模型进行稳定性检验，结果与之前的分析一致，在1%的显著性水平上，新型城镇化发展有利于缩小城乡收入差距。FEM 估计结果及差分 GMM 估计结果都支持了之前的实证结果，说明基准回归部分的实证研究结果稳健。

无论采用静态回归分析还是动态回归分析，回归结果都一致表明，新型城镇化发展对城乡收入差距作用显著，新型城镇化发展质量的提升会缩小城乡收入差距，促进收入均等化，增进福利。从城乡收入比和泰尔指数的变化来看，尽管当前我国城乡收入差距正在不断缩小，其绝对值依旧较大，高收入及完善的公共服务和社会保障仍对农村剩余劳动力形成较强的吸引力，农业剩余劳动力在新型城镇化进程中进一步转移，获取较高的工资报酬，并逐步实现完全市民化，有利于城乡收入差距的缩小。除此之外，我国产业结构在经济向创新型高质量发展的转变过程中也会不断优化升级，与经济结构相适应的农业转移人口其能力的提升带来人口结构的转变及其工资水平的提高。随着新型城镇化的不断推进及"乡村振兴"等一系列战略规划、政策措施的实施推广，农业土地利用效率不断提升，农业现代化进程不断推进，农村居民收入也会随之提高，新型城镇化发展对城乡收入差距的缩小作用也会不断显现。

第七章 新型城镇化发展对人的发展的影响：可行能力视角的实证

马克思和恩格斯认为："人的全面发展对人的劳动生产力和整个社会的发展有巨大作用并且在一定条件下和一定的时期里，是物质生产力能否进一步发展的决定因素，建立在资本基础上的生产发展本身要求造就全面发展的人，只有这样的人才能使资本主义生产的进一步发展成为可能，这是一种客观趋势。"Easterlin（1995）的研究也表明，对同一国家而言，富裕阶层的平均幸福感高于贫困阶层；但若将收入与幸福感进行跨国比较，一些发展中国家的国民幸福感几乎与发达国家一样高，更多的财富并不一定能带来更多的幸福，即"幸福悖论"。在后来的研究中他用"享乐疲惫"来解释这一悖论，认为财富增加到一定程度时，所带来的幸福效应会越发有限。这些研究给予我们一定启示，福利的提升除了收入提升及收入均等化之外，还包括在此基础上带来的机会和实际能力的提升，财富之外的福祉，尤其是健康、发展机会、社会环境等对于微观个体的福利提升同样重要。

党的十九大报告中也提出了更好地推动人的全面发展，"我们要在继续推动发展的基础上，着力解决好发展不平衡不充分问题，大力提升发展质量和效益，更好满足人民在经济、政治、文化、社会、生态等方面日益增长的需要，更好推动人的全面发展、社会全面进步。"[①] 新型城镇化是以人为核心

---

① 习近平：《决胜全面建成小康社会 夺取新时代中国特色社会主义伟大胜利》，《人民日报》2017 年 10 月 28 日第 1 版。

的城镇化，其多维福利也体现在人的全面发展上。新型城镇化发展对人的发展的影响体现在，一方面，可以通过加大政府在教育、医疗、社会保障、社会安全稳定、生态环境等方面的投入，促进人的功能自由；另一方面，对于个人来说，通过经济保障程度的提升，提高其受教育程度、健康水平等，促进人的能力自由。

第一节 基于可行能力框架的人的发展测度

1990年由联合国开发计划署（The United Nations Development Programme，UNDP）建立了包含预期寿命、成人识字率、国民生产总值三项指标的人类发展指数（Human Development Index，HDI），用以简单评估各国人的发展福利状况。虽得以推广，但各国国情不同，HDI中指标过于狭窄，近30年来，世界各国发展情况差异较大。忽略个体异质性，从新型城镇化发展可能对可行能力造成的影响的维度进行分析，新型城镇化发展会使城乡要素资源配置不断优化，促进可行能力的提升，增进社会福利。除此之外，新型城镇化发展将进一步释放工具性自由，促进可行能力提升。根据我国实际国情和所处发展阶段，本章借鉴阿玛蒂亚·森的可行能力方法并结合我国现阶段人民对美好生活要求的内涵，测度2008—2017年人的发展的变化，考察新型城镇化发展对人的发展的影响。

一、方法选择及指标体系构建

阿玛蒂亚·森的可行能力方法打破了传统福利经济学仅关注经济福利的局限性，将福利从物质资源的满足拓展到人的功能自由和能力自由的层面，为研究福利提供了新的方法。基于阿玛蒂亚·森的可行能力方法，我们可以从功能与能力发展的视角来衡量人的发展，但阿玛蒂亚·森的研究并未明确指出可行能力具体包含的要素指标，同时，他也认为不应将可行能力赋予固定范围。因此，能力和功能的测度存在一定的困难，尤其是对能力的测度更为困难，通过小样本的调查问卷往往无法全面反映我国的整体情况，而采用公开数据测度，又存在数据获取的困难性，权衡两者利弊，本书选取具有代表性或替代性的相关指标从阿玛蒂亚·森的可行能力方法分析框架出发测度我国新型城镇化背景下人的发展。

根据阿玛蒂亚·森的可行能力理论，功能是人们所处的一种状态，即已经实现的客观福利；能力是在获得一定功能的基础上可以获取的潜在福利，功能与能力相互作用、相互影响，能力平等是福利提升的重要体现。新型城镇化可以通过提升人的可行能力促进人的全面发展，可行能力的变化主要反映在住房、教育、健康、社会保障等多个方面。由于阿玛蒂亚·森的可行能力方法仅提供评价框架，并未提供具体的测度指标和模式，能力的测度存在很大的困难，本书采用一些替代性指标进行测度。在选取功能指标时，主要依据整个社会所处的现状，考虑选取整个社会既定的客观事实和政府对相关功能指标的投入；选取能力指标时，主要选取潜在的可能影响未来功能实现的因素，即可能影响微观个体自身能力和相关决策的指标。基于我国现实国情及指标数据的连续可获取性，在阿玛蒂亚·森的可行能力方法分析框架下，选取除收入外2008—2017年30个省（自治区、直辖市）18项指标构建新型城镇化发展中人的发展测度指标体系。受限于一些省际指标数据的不可获取性及不连续性，以下一些指标为替代性指标。

1. 功能指标

政府在教育、社会安全稳定、社会保障等方面的客观投入力度，以及整个社会政治环境、生态环境等，共包含7个方面10项指标。

（1）教育。用国家财政性教育经费占地方财政一般预算支出的比重来表示国家对教育的投入及重视程度，指标方向为正向，即国家财政性教育经费投入占比越高，说明对教育的重视程度越高，对人的发展有着正向促进的作用。

（2）健康。用人口死亡率来表示整个社会国民健康程度，指标方向为负向，人口死亡率越高，整个社会国民健康程度越差，越不利于人的发展。

（3）安全稳定。用公共安全支出占地方财政一般预算支出的比重来衡量，指标方向为正向，政府在公共安全方面的支出越高，则对安全稳定的社会环境就越重视，安全稳定的社会环境有利于促进人的发展。

（4）社会保障。地方财政社会保障和就业支出占地方财政一般预算支出的比重来表示政府在社会保障方面的投入力度，指标方向为正向，占比越高则社会保障程度越高。

（5）生态环境。单位 GDP 能耗同比变化及每万人二氧化硫排放量，均为负向指标，说明生态环境的恶化或改善程度。

（6）公平正义。社会公平正义程度较难衡量，用地区发展与民生指数及每万人中公共就业人才服务机构本期介绍成功女性人数从侧面进行反映社会公平正义状态。地区发展与民生指数是国家统计局统计综合民生、社会发展、公众评价等六个维度综合测算的指数，包含了公众对于各地区发展与民生改善的主观感受和认可程度。[①] 每万人中公共就业人才服务机构本期介绍成功女性人数可以反映出就业市场对女性的接纳或歧视程度，数值越高，则说明就业市场越公平，越有利于促进人的发展。

（7）民主法制。每万人社会团体单位数越多，说明政治开明程度越大；每万人检察院批准逮捕刑事犯罪人数越多，则社会治安越差。

2. 能力指标

地方或个人在教育、健康、安全稳定、保障、住房方面的具体变化，并且这些变化可能在未来影响其功能自由，共包含 5 方面 8 项指标。

（1）教育。平均受教育年限可以反映出个体人力资本水平，指标方向为正向，受教育年限越高，未来获得潜在功能的能力就越高。

（2）健康。每万人医疗卫生机构床位数越多，当地基础医疗条件就越好，更能够保障人的健康程度，有利于人的发展。

（3）安全稳定。用城镇登记失业率和每万人离婚人数表示，均为负向指标，失业率增加不利于社会安全稳定，对于个人而言也不利于其未来潜在功

① 国家统计局：《2013 年地区发展与民生指数（DLI）统计监测结果》，2014 年 12 月 31 日，http：//www.stats.gov.cn/tjsj/zxfb/201412/t20141231_661933.html，2021 年 6 月 29 日。

能的实现；离婚对当事人及其家属的心理会造成一定程度的影响，不利于人的发展。

（4）个人保障。用人均原保险保费收入来表示个人对风险的地域能力，对保险产品投入越高，则抗风险能力越强，更有利于个人能力的发挥。

（5）住房。房地产增加值占地方财政一般预算收入的比重越高，说明地区土地财政的倾向越高，为负向指标；商品房平均销售价格越高，越不利于人的发展；人均居住面积越大，越有利于人的安居乐业。具体测度指标如表7-1所示。

表7-1　基于可行能力分析框架的人的发展测度指标体系

功能	指标内容	能力	指标内容
教育	a1：国家财政性教育经费/地方财政一般预算支出（+）	教育	b1：平均受教育年限（+）
健康	a2：人口死亡率（-）	健康	b2：医疗卫生机构床位数/万人（+）
安全稳定	a3：全国公共财政支出：公共安全/地方财政一般预算支出（+）	安全稳定	b3：城镇登记失业率（-） b4：离婚人数/万人（-）
社会保障	a4：地方财政社会保障和就业支出/地方财政一般预算支出（+）	个人保障	b5：人均原保险保费收入（+）
生态环境	a5：单位GDP能耗同比变化（-） a6：二氧化硫排放量/万人（-）	住房	b6：商品房平均销售价格（-） b7：房地产增加值/地方财政一般预算收入（-） b8：人均居住面积（+）
公平正义	a7：发展与民生指数（+） a8：公共就业人才服务机构本期介绍成功人数女性/万人（+）	—	—
民主法制	a9：社会团体单位数/万人（+） a10：检察院批准逮捕刑事犯罪人数/万人（-）	—	—

二、基于可行能力分析框架的人的发展具体测度

1. 数据来源

根据上文所构建的人的发展的测度指标体系，结合现有公开数据，相关数据主要来源于《中国统计年鉴》、《中国环境统计年鉴》、Wind 数据库、国家统计局、各省统计局数据库，以及对相关指标进行换算得出，个别指标存在缺失数据，使用移动平均法估算。

2. 测度方法

参照 HDI 计算使用的固定权重方法，本书也采用较为客观合理的客观赋权法，用改进的熵值法对人的发展进行测度，具体计算步骤与前文第四章第三节测度方法相同，此处不再赘述。改进熵值法可以根据指标离散程度确定权重，指标离散程度越大，熵值越小，对应的权重越大，即该指标对人的发展测度结果影响越大；指标离散程度越小，熵值越大，对应权重越小，即该指标对人的发展测度结果影响越小。由改进熵值法计算出的值越高，说明人的发展水平越高；值越低，说明人的发展水平越低。

3. 测度结果

选取 2008—2017 年 30 个省（自治区、直辖市）18 个指标构建新型城镇化发展中人的发展的指标体系，采用改进熵值法，用 Stata14 程序进行具体测度，全国四大区域板块及 30 个省（自治区、直辖市）人的发展测度结果如表 7-2 及表 7-3 所示。

表 7-2　全国及四大区域板块人的发展测度结果

区域＼年份	2008	2009	2010	2011	2012	2013	2014	2015	2016	2017	均值	排名
全国	27.82	28.92	30.22	29.89	30.89	30.95	32.60	33.86	36.54	38.83	32.05	—
东部地区	34.65	35.16	37.82	37.49	38.89	38.32	40.37	41.53	45.45	48.19	39.79	1
东北地区	27.41	29.25	29.82	28.46	28.54	28.77	30.56	31.32	34.12	35.67	30.39	2

续表

年份 区域	2008	2009	2010	2011	2012	2013	2014	2015	2016	2017	均值	排名
西部地区	26.28	27.69	28.03	28.01	29.25	29.05	30.63	31.85	34.20	36.41	30.14	3
中部地区	22.95	23.60	25.20	25.62	26.89	27.67	28.86	30.73	32.40	35.03	27.90	4

表7-3 各省（自治区、直辖市）人的发展测度结果

年份 区域	2008	2009	2010	2011	2012	2013	2014	2015	2016	2017	均值	排名
北京市	46.81	47.74	52.67	51.16	52.99	53.60	55.46	58.15	66.22	70.85	55.56	1
宁夏回族 自治区	50.16	45.95	58.47	43.00	46.47	38.92	38.95	41.57	46.27	49.46	45.92	2
上海市	40.45	38.97	42.84	42.20	44.69	42.73	44.11	44.87	52.63	54.34	44.78	3
浙江省	39.61	40.36	38.55	39.80	41.94	44.43	46.15	46.89	51.49	55.03	44.42	4
福建省	39.94	38.20	40.76	43.39	41.75	43.91	45.75	43.21	48.00	50.21	43.51	5
青海省	35.27	37.76	41.90	42.30	51.17	47.37	45.29	38.37	40.80	51.00	43.12	6
江苏省	33.97	35.33	34.99	38.45	39.13	41.31	46.67	48.09	50.21	55.98	42.41	7
广东省	41.97	45.48	37.83	36.34	42.63	35.51	40.48	41.95	46.57	48.57	41.73	8
天津市	32.19	30.08	54.83	41.02	43.65	38.18	39.15	41.98	44.56	48.32	41.40	9
辽宁省	31.55	32.58	36.91	32.14	31.86	32.04	37.22	36.72	41.33	42.79	35.51	10
新疆维吾尔 自治区	27.70	30.38	31.17	32.89	34.10	32.82	34.47	36.55	40.48	45.48	34.60	11
甘肃省	23.21	24.83	24.88	26.29	28.01	31.96	33.31	39.03	45.01	48.59	32.51	12
湖北省	24.66	26.59	27.78	28.88	30.24	30.89	32.33	36.24	38.13	40.08	31.58	13
陕西省	25.05	26.44	30.58	27.82	29.37	30.07	31.32	33.55	36.68	40.78	31.17	14
内蒙古 自治区	24.74	26.59	28.20	29.37	30.29	29.51	30.48	32.81	34.45	37.14	30.36	15
山西省	24.88	25.18	28.45	28.05	29.42	30.45	29.74	32.20	34.12	36.29	29.88	16
山东省	26.02	27.21	26.60	28.36	28.22	30.10	30.35	31.02	32.98	34.87	29.57	17

续表

年份 区域	2008	2009	2010	2011	2012	2013	2014	2015	2016	2017	均值	排名
吉林省	27.41	29.59	27.03	28.19	28.31	28.91	28.65	30.81	32.74	32.20	29.38	18
江西省	27.28	27.89	25.54	27.57	28.54	29.45	29.74	30.99	31.65	34.80	29.34	19
海南省	21.58	23.59	24.86	28.93	28.34	28.41	29.99	31.76	33.58	34.80	28.58	20
重庆市	21.84	24.87	25.14	26.16	27.17	28.10	30.16	31.81	33.39	36.03	28.47	21
广西壮族 自治区	23.19	22.72	24.93	24.44	24.79	26.75	29.31	30.25	31.99	33.71	27.21	22
湖南省	21.44	21.49	23.49	24.44	24.83	26.39	27.97	29.60	31.66	34.36	26.57	23
黑龙江省	23.25	25.60	25.52	25.05	25.46	25.36	25.80	26.44	28.29	32.04	26.28	24
安徽省	18.95	20.03	23.08	24.03	24.78	26.30	29.13	30.19	31.71	34.25	26.24	25
四川省	17.85	20.85	22.86	24.70	25.40	26.22	27.47	29.44	31.64	33.23	25.97	26
河北省	23.95	24.63	24.31	25.21	25.62	25.00	25.59	27.40	28.25	28.89	25.88	27
云南省	20.76	21.83	21.70	22.83	23.31	24.86	26.24	28.84	31.29	32.42	25.41	28
河南省	20.50	20.44	22.90	20.74	23.52	22.57	24.24	25.14	27.13	30.43	23.76	29
贵州省	13.19	14.49	15.75	15.45	16.79	18.33	20.87	21.69	24.99	26.89	18.85	30

三、人的发展测度结果的分析评价

基于阿玛蒂亚·森的可行能力分析框架对人的发展进行测度，从测度结果的指标权重来看，社会保障、个人保障、安全稳定及居住对人的发展影响较大；从时间维度看，2008—2017 年我国人的发展总体上呈现不断提升的趋势；从各区域板块来看，四大区域板块人的发展并不均衡且提升速度也有所差别。

1. 相关指标权重

采用熵值法计算得出功能与能力及其对应的细化指标权重如表 7-4 所示。

表7-4 功能和能力指标权重

功能	教育	健康	安全稳定	社会保障	生态环境	公平正义	民主法治
指标权重	0.0339	0.0662	0.1226	0.1495	0.0438	0.0772	0.0881
能力	教育	健康	安全稳定	个人保障	居住	—	—
指标权重	0.0483	0.0434	0.0624	0.1364	0.1282	—	—

测算结果中功能性指标所占权重为58.13%，其中，社会保障、安全稳定所占权重较大；能力性指标所占权重为41.87%，对人的发展指数影响较大的是个人保障和安居。

2. 人的发展的比较分析

基于阿玛蒂亚·森的可行能力分析框架对我国人的发展进行测度的结果显示，2008年以来，人的发展总体呈现不断提升的趋势。其中，2008—2013年人的发展波动明显且提升速度较为缓慢，可能是由于此阶段新型城镇化规划还未正式实施，很多相关政策依然是传统城镇化阶段的延续，尚未明显体现出人的城镇化。2013年以后，人的发展迅速提升，与新型城镇化发展质量的提升速度较为接近，人的发展与新型城镇化发展同步进行。如图7-1所示，人的发展及新型城镇化发展质量均呈现上升趋势，其中，人的发展从2008年的27.82上升至2017年的38.83，与新型城镇化发展质量的提升相比，上升趋势较为缓慢，但从图中可以看出，2008—2017年，人的发展与新型城镇化发展质量从相差较大到逐渐收敛趋同，人的发展与新型城镇化发展趋于同步化发展。①

四大区域板块人的发展总体上也呈现显著提升趋势，但上升的速度有所差别。具体体现在以下方面：其一，人的发展在四大区域板块呈现显著的差异性。具体而言，人的发展呈现由东部地区、东北地区、西部地区、中部地区递减的不均衡发展状态，如图7-2所示，东部地区人的发展的测度结果远远高于其他三个区域，西部地区、东北地区、中部地区间人的发展程度较为

① 本小节图表数据经测度得出，图表中不再一一标明数据来源。

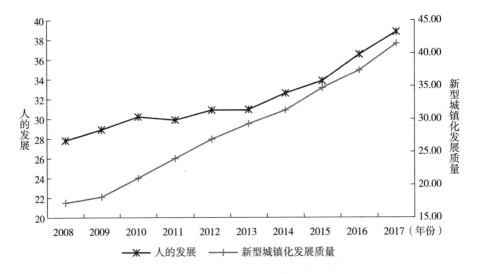

图7-1　2008—2017年人的发展及新型城镇化发展质量变动趋势

资料来源：由笔者绘制。

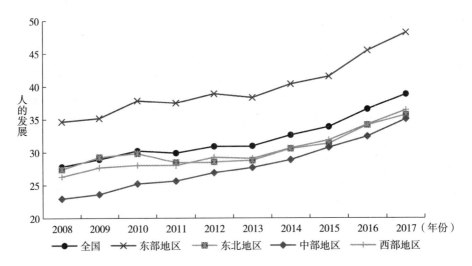

图7-2　2008—2017年全国及四大区域板块人的发展变动趋势

资料来源：由笔者绘制。

接近。其二，2008—2017年，东部地区和西部地区人的发展提升较快，其中东部地区较快的增长来源于其自身发展的红利；西部地区受惠于相关政策规划，政府加强了在公共福利、民生保障方面的投入力度；而东北地区和中部地区则上升较为缓慢。

第二节　新型城镇化发展对人的发展的影响实证分析

新型城镇化发展对人的发展的影响可以通过提升人的功能和能力两个方面实现。具体而言，农业转移人口在乡城转移过程中，生活条件得以改善，潜在的机会更加多样化，享受城镇公共基础设施、教育、医疗、社会保障等，福利水平提升，其功能自由和能力自由得以拓展。同时，新型城镇化发展会促进产业结构合理化、高级化，三次产业结构的变化使不同层次的劳动力需求产生变化，对人的发展产生一定的影响。基于以上理论分析和研究假说，本节通过实证分析检验新型城镇化发展对人的发展的影响。

一、变量选取及模型构建

一般的回归模型着重考察自变量对因变量的条件期望的影响，其实质是均值回归，若条件分布为非对称分布，则很难反映整个条件分布的全貌，由 Roger Koenker 和 Gilbert Bassett（1978）提出的分位数回归，不易受极端值影响，较为稳健，能够提供关于条件分布的全面信息，可以用来研究自变量与因变量的条件分位数之间的关系。为获取新型城镇化发展对人的发展影响分布特征的全面信息，本节主要采用分位数回归进行实证分析。

被解释变量：人的发展 PDI，基于阿玛蒂亚·森的可行能力分析方法，从功能与能力出发对人的发展进行测度，具体计算结果见上表 7-2 及表 7-3。

解释变量：新型城镇化发展质量 UQ，即本书第四章基于五大发展理念测度出的新型城镇化发展质量综合得分的自然对数。

控制变量：劳动力转移 LR，以非农产业就业人员与农业就业人员数量之比来表示劳动力转移的变化情况，用 LR 来表示。① 产业结构合理化 SR，产业结构合理化指标用泰尔指数进行测度，主要反映三次产业的聚合质量，具体计算见第六章。产业结构高级化 SH，主要反映产业结构的升级，用第三产业产值与第二产业产值之比来表示。

考虑新型城镇化发展中，劳动力转移和产业结构变化也会对人的发展产生一定的影响，将其作为控制变量，构建以下实证分析模型：

$$PDI_{it} = \alpha_0 + \alpha_1 UQ_{it} + \alpha_2 LR_{it} + \alpha_3 SR_{it} + \alpha_4 SH_{it} + \xi_{it} \tag{7-1}$$

其中，i 为省（自治区、直辖市），t 代表年份，ξ_{it} 为残差项，模型中各变量含义及类型如表 7-5 所示。

表 7-5　变量说明

变量类别	符号	变量名称	说明
被解释变量	PDI	人的发展	用熵值法从功能和能力两方面进行测度
核心解释变量	UQ	新型城镇化	新型城镇化发展质量得分
控制变量	LR	劳动力转移	非农就业人数与农业就业人数之比
	SR	产业结构合理化	用泰尔指数进行度量
	SH	产业结构高级化	第三产业与第二产业产值之比

采用 2008—2017 年省际面板数据，实证检验新型城镇化发展对人的发展的影响，数据主要来源于《中国统计年鉴》、各省统计年鉴、中国经济与社会发展统计数据库、Wind 数据库等。为消除相关数据的异方差性，在估计模型时，对人的发展的测度结果 PDI、新型城镇化发展质量 UQ、劳动力转移 LR 取自然对数。

二、基于分位数估计的基准回归及结果分析

整理数据，变量描述性统计如表 7-6 所示。

---

① 为了便于数据处理，将劳动力转移 LR 用非农产业就业人员与农业就业人员数量之比×100 的值作为实际计算值。

表 7-6　变量描述性统计

变量	样本观测数	均值	标准差	最小值	最大值
lnPDI	300	3.467	0.281	2.579	4.261
lnUQ	300	3.012	0.801	1.531	5.135
lnLR	300	5.299	0.886	3.704	8.050
SR	300	0.298	0.177	0.029	0.826
SH	300	1.020	0.603	0.381	4.237

为确保估计结果的稳健性，本节主要采用分位数回归进行模型估计，将均值回归结果作为参照，再选取 10%、25%、50%、75%、90%共 5 个分位点进行具体分析，如表 7-7 所示，模型 I 为均值回归结果，模型 II、模型 III、模型 IV、模型 V、模型 VI 分别为 5 个分位点的估计结果。

表 7-7　分位数回归结果

变量	模型 I	模型 II 10%	模型 III 25%	模型 IV 50%	模型 V 75%	模型 VI 90%
lnUQ	0.072 ** (0.023)	0.162 *** (0.029)	0.123 *** (0.026)	0.123 *** (0.022)	0.078 * (0.043)	0.022 (0.043)
lnLR	0.205 *** (0.025)	0.260 *** (0.044)	0.200 *** (0.044)	0.139 *** (0.023)	0.130 *** (0.027)	0.082 ** (0.029)
SR	0.380 ** (0.133)	−0.272 ** (0.127)	0.154 (0.117)	0.271 ** (0.098)	0.648 *** (0.190)	0.669 *** (0.189)
SH	0.045 ** (0.021)	0.107 *** (0.029)	0.092 *** (0.027)	0.055 ** (0.022)	0.062 (0.043)	0.009 (0.043)
常数项	2.002 *** (0.122)	2.278 *** (0.160)	2.126 *** (0.148)	2.198 *** (0.123)	2.039 *** (0.239)	2.089 *** (0.238)

注：括号内为标准误差；＊、＊＊、＊＊＊分别表示 10%、5%、1%的显著性水平。

以参照系回归结果来看，在5%的显著性水平上，新型城镇化发展对人的发展有显著的正向影响，即新型城镇化发展质量的提升会促进人的发展。在控制变量中，劳动力转移、产业结构合理化及产业结构高级化都对人的发展具有显著的促进作用。具体来看，除90%分位数上的系数不显著外，新型城镇化发展对人的发展的反映系数从10%到75%分位数上均显著且为正，与参照系回归结果一致。再对新型城镇化发展各分位数上的系数进行仔细观察，可以看出，若其他条件不变，从10%到75%分位数，其系数呈现不断下降的趋势，新型城镇化发展质量每提升1%，人的发展将提高0.078%~0.162%。这说明，新型城镇化发展对处于不同层次的人的发展的影响具有显著差异，总体来看，对低分位数的影响程度较大，对高分位数的影响程度较小，即对人的发展处于较低得分的区间类型，新型城镇化发展会更大程度地提升人的发展，而对于已处于高位的那部分类型，新型城镇化发展对其的影响相对较低。

控制变量中，劳动力转移在1%的显著性水平上对人的发展具有促进作用。具体来看，从10%到90%分位数，劳动力转移对人的发展均呈现显著正向影响，并且其系数随分位数增大而降低，劳动力转移每增加1%，人的发展将提高0.082%~0.260%，即劳动力转移对人的发展处于较低得分的区间类型提升力度更大，随着人的发展得分的增加，劳动力转移对其影响力度依次减弱。产业结构合理化、产业结构高级化都对人的发展影响显著，具体来看，产业结构合理化在25%分位点上不具有统计显著性，在10%分位点上不利于人的发展，在50%、75%、90%分位点上，系数依次增高，即人的发展得分越高，产业结构合理化对其作用力越强，这可能由于产业结构合理化使经济结构更趋于稳定，对于功能和能力较高的那部分人来说，所获取的社会资源和地位也更高、更稳定。产业结构高级化在75%和90%分位点不具有统计显著性，在10%、25%、50%分位点上，系数依次降低，即人的发展得分越高，产业结构高级化对其作用力越弱，这可能是由于产业结构高级化中第三产业大力发展，吸纳了处于低人力资本水平的劳动力，这部分劳动者自身的功能和能力自由都处于低位，产业结构高级化提供的就业岗位为功能和能力的提升奠定了基础。

参照系回归结果和分位数回归结果都表明，新型城镇化发展对人的发展具有显著的促进作用，同时，对不同水平的人的发展的影响有所差异，新型城镇化发展对处于较低得分区间的人的发展提升力度更大。各变量分位数回归系数随分位数变化趋势如图 7-3 所示。

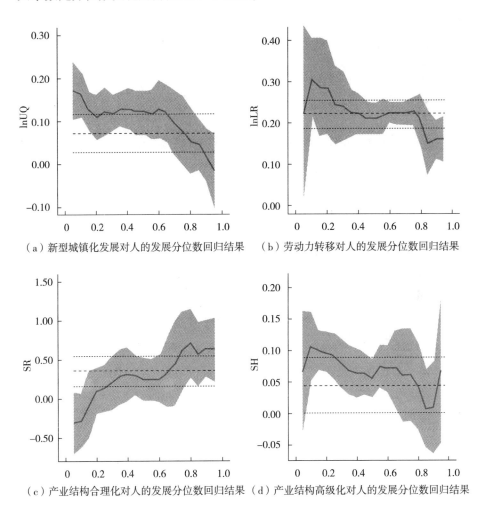

（a）新型城镇化发展对人的发展分位数回归结果　（b）劳动力转移对人的发展分位数回归结果

（c）产业结构合理化对人的发展分位数回归结果　（d）产业结构高级化对人的发展分位数回归结果

图 7-3　分位数回归系数变化趋势

资料来源：由笔者绘制。

三、区域异质性回归及结果分析

将均值回归结果作为参照，选取 10%、25%、50%、75%、90% 共 5 个分位点进行分位数回归，模型 I 为东部地区新型城镇化发展对人的发展的影响的均值回归结果，模型 II、模型 III、模型 IV、模型 V、模型 VI 分别为 5 个分位点的估计结果，检验结果如表 7-8 所示。东部地区新型城镇化发展对人的发展具有显著的正向影响，5 个分位数上的系数均显著。可以看出，各分位数上系数没有明显变化规律且变化幅度不大，其中，10% 和 50% 分位数上的反映系数相同，若其他条件不变，东部地区新型城镇化发展质量每提高 1%，人的发展将提高 0.144% ~ 0.216%，高于全国整体回归系数。

这说明，东部地区新型城镇化发展对人的发展的影响较高且比较稳定。在控制变量中，劳动力转移对人的发展的影响并不显著，这可能是由于东部地区经济较发达，在前期经济发展中，已承接了中西部地区大量的劳动力转移，这些转移人口的功能和能力自由度较低，总体上拉低了东部地区人的发展水平，因此，东部地区劳动力转移对人的发展的影响较小，并且不具备统计学意义。东部地区产业结构合理化不利于人的发展，这可能是由于东部地区产业结构现阶段已趋于合理化发展，区域经济发展较为成熟，国家财政对区域发展的支持力度相对减弱，而一部分转移人口的功能和能力还未同时提升，产业结构发展呈现出与人的发展不同步的矛盾，因此，暂时性地显现为反作用关系。东部地区产业结构高级化会促进人的发展，但在 75% 和 90% 分位点上不具有统计显著性，在 10%、25%、50% 分位点上，系数依次降低，即人的发展得分越高，产业结构高级化对其作用力越弱。

表 7-8　东部地区分位数回归结果

变量	模型 I	模型 II 10%	模型 III 25%	模型 IV 50%	模型 V 75%	模型 VI 90%
lnUQ	0.186 ***	0.203 ***	0.196 ***	0.203 ***	0.216 ***	0.144 **
	（0.022）	（0.017）	（0.019）	（0.026）	（0.046）	（0.047）

续表

变量	模型 I	模型 II 10%	模型 III 25%	模型 IV 50%	模型 V 75%	模型 VI 90%
lnLR	0.019	−0.013	0.005	0.008	0.012	−0.004
	(0.027)	(0.019)	(0.023)	(0.030)	(0.053)	(0.055)
SR	−1.625 ***	−1.363 ***	−1.325 ***	−1.869 ***	−2.176 **	−1.253 *
	(0.291)	(0.247)	(0.286)	(0.379)	(0.680)	(0.696)
SH	0.039 **	0.108 ***	0.089 ***	0.038 *	0.017	0.048
	(0.016)	(0.014)	(0.016)	(0.022)	(0.039)	(0.040)
常数项	3.004 ***	2.875 ***	2.849 ***	3.024 ***	3.101 ***	3.432 ***
	(0.138)	(0.118)	(0.137)	(0.181)	(0.326)	(0.333)

注：括号内为标准误差；*、**、*** 分别表示10%、5%、1%的显著性水平。

如表7-9所示，由于东北地区样本量较少，10%和90%分位数上的回归结果不显著，不具备统计学意义，表7-9主要报告25%、50%、75%分位点的回归结果，模型 I 为均值回归结果，模型 II、模型 III、模型 IV 分别为25%、50%、75%分位点上的估计结果。总体上看，东北地区新型城镇化发展对人的发展影响不显著；在控制变量中，东北地区劳动力转移对人的发展有正向显著影响，并且随着分位数的增大，影响程度不断增加。东北地区产业结构合理化有利于人的发展，但在25%分位点上不显著，东北地区产业结构相对单一，合理化的产业结构对人的发展具有明显的促进作用。东北地区产业结构高级化会促进人的发展，但在25%分位点上不具有统计显著性。

表7-9　东北地区分位数回归结果

变量	模型 I	模型 II 25%	模型 III 50%	模型 IV 75%
lnUQ	0.104	−0.241	0.019	0.097
	(0.160)	(0.179)	(0.210)	(0.153)
lnLR	0.431 *	0.523 *	0.635 *	0.843 **
	(0.240)	(0.270)	(0.371)	(0.315)

续表

变量	模型 I	模型 II 25%	模型 III 50%	模型 IV 75%
SR	1. 159 ** (0. 335)	0. 271 (0. 513)	1. 462 ** (0. 603)	1. 588 ** (0. 439)
SH	0. 211 ** (0. 061)	0. 054 (0. 104)	0. 232 * (0. 122)	0. 376 *** (0. 089)
常数项	0. 375 (0. 823)	−0. 464 (1. 265)	−0. 543 (1. 486)	−0. 282 (1. 082)

注：括号内为标准误差；＊、＊＊、＊＊＊分别表示 10%、5%、1%的显著性水平。

中部地区分位数回归结果如表 7-10 所示，模型 Ⅰ 为均值回归结果，模型 Ⅱ、模型 Ⅲ、模型 Ⅳ、模型 Ⅴ、模型 Ⅵ 对应 10%、25%、50%、75%、90%分位点的估计结果。结果显示，中部地区新型城镇化发展对人的发展具有显著的正向影响，5 个分位数上的系数均显著。若其他条件不变，中部地区新型城镇化发展质量每提高 1%，人的发展将提高 0.141%~0.174%，中部地区新型城镇化发展对人的发展的影响还呈现出对处于两端的分位数影响较大，对中位数影响较小的规律。中部地区劳动力转移对人的发展具有显著的正向影响，从 10%到 90%分位数，其系数总体呈现下降趋势，即对高分位数的影响程度较小，对低分位数的影响程度较大。中部地区产业结构合理化会促进人的发展，对处于低分位数上的人的发展影响更大，对 75%和 90%分位点上的人的发展影响不显著。中部地区产业结构高级化在各分位点上对人的发展均有显著的正向影响，且对中位数影响最大，对两端的影响较小。

表 7-10　中部地区分位数回归结果

变量	模型 I	模型 II 10%	模型 III 25%	模型 IV 50%	模型 V 75%	模型 VI 90%
lnUQ	0. 163 *** (0. 041)	0. 167 *** (0. 009)	0. 171 *** (0. 034)	0. 141 ** (0. 055)	0. 171 ** (0. 051)	0. 174 *** (0. 028)

续表

变量	模型 I	模型 II 10%	模型 III 25%	模型 IV 50%	模型 V 75%	模型 VI 90%
lnLR	0.413 ***	0.804 ***	0.753 ***	0.419 ***	0.261 **	0.266 ***
	(0.061)	(0.019)	(0.070)	(0.114)	(0.104)	(0.057)
SR	0.524 ***	1.025 ***	0.867 ***	0.491 **	0.277	0.097
	(0.114)	(0.032)	(0.119)	(0.195)	(0.178)	(0.098)
SH	0.298 ***	0.198 ***	0.194 **	0.318 **	0.261 **	0.196 ***
	(0.048)	(0.017)	(0.064)	(0.104)	(0.096)	(0.052)
常数项	0.359	-1.835 ***	-1.507 ***	0.382	1.288 **	1.416 ***
	(0.338)	(0.099)	(0.366)	(0.596)	(0.546)	(0.299)

注：括号内为标准误差；* 、** 、*** 分别表示10%、5%、1%的显著性水平。

　　西部地区分位数回归结果如表 7-11 所示，西部地区新型城镇化发展仅在 10%分位点上对人的发展具有显著的正向影响，均值回归和其他分位点回归结果均不显著。控制变量中，西部地区劳动力转移对人的发展有显著的正向影响，从 10%到 75%分位数上，其系数大致呈现下降趋势，即对高分位数的影响程度较小，对低分位数的影响程度较大。西部地区产业结构合理化会促进人的发展，呈现对处于两端的分位数影响较大，对中位数影响较小的规律，在 25%分位点上影响不显著。西部地区产业结构高级化的参照系回归结果显示其对人的发展的影响不显著，但分位数回归结果除 50%分位点外均显著，对 10%和 25%分位点为负向影响，对 75%和 90%分位点为正向影响，不利于处于低分位数上的人的发展。

表 7-11　西部地区分位数回归结果

变量	模型 I	模型 II 10%	模型 III 25%	模型 IV 50%	模型 V 75%	模型 VI 90%
lnUQ	-0.058	0.183 **	0.080	-0.052	0.015	-0.012
	(0.072)	(0.063)	(0.090)	(0.108)	(0.070)	(0.119)

续表

变量	模型 I	模型 II 10%	模型 III 25%	模型 IV 50%	模型 V 75%	模型 VI 90%
lnLR	0.630 ***	0.724 ***	0.882 ***	0.636 ***	0.368 ***	0.561 ***
	(0.079)	(0.140)	(0.083)	(0.128)	(0.106)	(0.074)
SR	0.598 **	0.964 ***	0.418	0.609 *	0.750 **	0.937 **
	(0.226)	(0.208)	(0.299)	(0.360)	(0.233)	(0.395)
SH	0.056	−0.390 ***	−0.579 ***	−0.002	0.279 **	0.338 *
	(0.145)	(0.103)	(0.148)	(0.178)	(0.116)	(0.196)
常数项	0.284	−0.033	1.647 **	0.289	−1.171 **	−0.396
	(0.463)	(0.446)	(0.640)	(0.770)	(0.499)	(0.846)

第三节　新型城镇化发展对人的发展影响的检验分析

本章的研究中，人的发展、功能、能力都是较为主观的概念，有必要在对人的发展进行客观测度和实证分析的基础上进行检验分析。本节将人的发展、功能、能力视为潜在变量，一方面，采用CFA验证测量指标与潜在变量间的相关关系；另一方面，采用混合模型的路径分析再次检验新型城镇化发展对人的发展的影响。

一、验证性因素分析与路径分析模型

验证性因素分析（Confirmatory Factor Analysis，CFA）属于结构方程模型（Structural Equation Modeling，SEM）的一种特殊应用，它继承了SEM模型可以处理潜在变量估计与分析的优势。在进行验证性分析时，要求有特定的理论或概念架构作为模型构建的基础，再借由数学程序确认该理论架构所对应的计量模型是否合理，即 CFA 模型具有先验性。验证性因素分析模型中允许存在潜在变量（无法观察的变量或理论变量），模型可以验证假定的观察变量与潜在变量间的相关或共变关系，与"探索性因素分析"相比，CFA 更强调理论分析结果的可靠性。基于阿玛蒂亚·森的可行能力方法框架研究新型城镇化对人的发展的影响，人的发展、功能、能力都是较为主观的概念，不可直接观测，在前文的研究中，将以人的发展进行了客观测度，得出人的发展的得分情况，再进行了实证分析。本节将功能、能力视为潜在变量，采用 CFA 验证测量指标与潜在变量间的相关关系。主要步骤如下：一是基于阿玛蒂亚·森的可行能力方法选择对应的变量和指标体系，构建验证性因素分析的概念模型图；二是采用极大似然估计分别进行非标准化和标准化估计，计算路径系数；三是对模型结果和模型适配度进行分析。

路径分析模型假定每个概念变量可由单一测量指标衡量，并且不存在测量误差，即所有测量指标均能完全解释其潜在变量的变异，主要包括观察变量路径分析（Path Analysis with Observed Variables，PA-OV）和潜在变量路径分析（Path Analysis with Latent Variables，PA-LV）。其中，PA-OV 模型中不包括任何潜在变量，而 PA-LV 模型的外因变量与内因变量以能够反映其潜在特质构念的显性变量为主，路径分析模型中如果同时包括显性变量和潜在变量，则称为混合模型路径分析。除验证性因素分析外，本节还将采用混合模型的路径分析再次检验新型城镇化发展对人的发展的影响。

二、新型城镇化发展对人的发展影响的验证性因素分析

基于阿玛蒂亚·森的可行能力理论，选取政府在教育、安全稳定、社会保障等方面的财政支出及整个社会公平正义、生态环境等共包含 10 项指标来衡量潜在变量功能 FA；选取地方或个人可能在未来影响其功能自由的教育、健康、安全稳定、个人保障、住房，共 8 项指标，来衡量潜在变量能力 CB，具体指标如表 7-1 所示。假定功能与能力构念间没有相关关系存在，构建一阶验证性因素分析直交模型，验证功能与能力的假设模型与实际测量指标数据是否可以适配，功能与能力验证性因素分析的概念模型如图 7-4 所示。

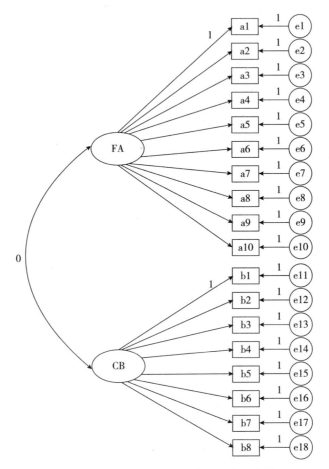

图7-4 功能与能力验证性因素分析的概念模型

资料来源：由笔者绘制。

    功能因素与能力因素构念间的相关系数为0，表示因素构念间无相关关系。计算估计值，模型可以顺利收敛识别，标准化的估计值模型如图7-5所示，误差项无负值，模型界定没有问题。但模型适配度结果显示，尽管通过了模型基本适配度检验，并且未违反模型辨认规则，但模型整体适配度不佳，卡方自由度比值CMIN/DF大于3，但卡方值易受样本数大小的影响，鉴于本章样本数超过200，有必要进行模型修正从而有效适配样本数据。根据模型注解的结果输出提示及本章选取的功能和能力部分测度指标存在相关性的事实，将存在相关性的误差值间建立共变关系，对模型进行修正。修正模型的适配度指标值如表 7-12 所示，卡方自由度比值小于 3，表示模型的适配度良好；绝对适配指标 GFI 大于 0.9，达到模型适配标准；基准线比较估计量 CFI 和 NFI 均大于 0.9，假设理论模型与观察数据整体适配度佳；渐进残差均方和平方根 RMSEA 为 0.101，说明模型适配度普通。总体看来，模型基本适配指标达到检验标准，与实际观察数据可以适配。

表 7-12 验证性因素分析模型适配度指标

指标	CMIN/DF	IFI	GFI	CFI	NFI	TLI	RMSEA
数值	2.061	0.944	0.925	0.943	0.927	0.861	0.101

模型验证性因素分析的估计结果如表 7-13 所示，根据阿玛蒂亚·森的可行能力方法测度人的发展，本章共选取 18 个指标分别对功能和能力进行测度。其中 10 个功能指标，8 个能力指标，共同构成如图 7-4 所示的一阶验证性因素分析模型。修正模型的标准化回归系数显示，变量间正、负作用关系基本与指标设定吻合，在功能指标中，因素负荷量的绝对值由高至低依次为 a10、a1、a3、a4、a2、a7、a6、a8、a9、a5，说明教育、安全稳定、民主法治能被功能 FA 解释的变异较大，可以有效地反映功能的特质；能力指标中，除 b7、b8 不显著外，因素负荷量的绝对值由高至低依次为 b5、b6、b1、b3、b2、b4，说明个人保障、住房、教育、安全稳定可以被能力 CB 解释的变异较大，可以有效地反映能力的特质。

表 7-13 验证性因素分析估计结果

变量	变量关系	变量	标准化回归系数	标准误	临界比值	显著性
a1	<---	FA	0.993	—	—	
a2	<---	FA	-0.980	0.043	-73.461	***
a3	<---	FA	0.984	0.001	79.815	***

续表

变量	变量关系	变量	标准化回归系数	标准误	临界比值	显著性
a4	<---	FA	0.981	0.002	-74.761	***
a5	<---	FA	-0.437	0.145	8.385	***
a6	<---	FA	-0.788	0.161	-21.84	***
a7	<---	FA	0.966	0.681	59.394	***
a8	<---	FA	0.718	0.902	17.695	***
a9	<---	FA	0.587	0.062	12.491	***
a10	<---	FA	-0.999	0.131	134.823	***
b1	<---	CB	0.820	—	—	—
b2	<---	CB	0.389	1.002	6.943	***
b3	<---	CB	-0.440	0.046	-7.951	***
b4	<---	CB	-0.321	1.423	5.646	***
b5	<---	CB	0.989	0.747	22.796	***
b6	<---	CB	-0.927	0.037	21.179	***
b7	<---	CB	-0.043	0.010	0.744	不显著
b8	<---	CB	0.010	0.599	0.167	不显著

注：*、**、***分别表示10%、5%、1%的显著性水平。

三、新型城镇化发展对人的发展影响的混合模型路径分析

新型城镇化发展对人的发展的影响是多维的，将新型城镇化发展作为可观测变量，人的发展、功能和能力都是不可直接观测的变量，即潜在变量，新型城镇化发展对人的发展的影响路径既包括显性变量，也包括潜在变量。综合 PA-OV 模型处理观测变量的优势及 PA-LV 模型估计潜在变量参数的优势，采用同时包括显性变量和潜在变量的混合模型路径分析再次检验新型城镇化发展对人的发展的影响。新型城镇化发展对人的发展的影响路径如图 7-5 所示。

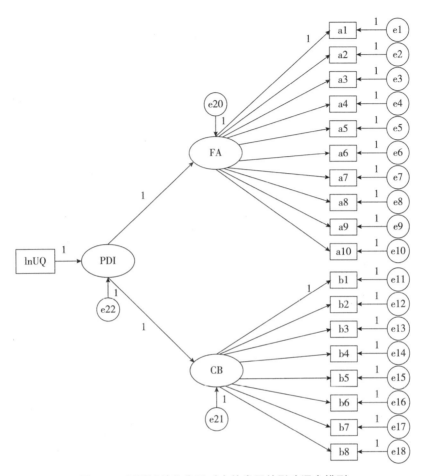

图 7-5　新型城镇化发展对人的发展的影响混合模型

资料来源：由笔者绘制。

模型检验结果显示，卡方自由度比值为 26.012，大于 3，RMSEA 值为 0.289，均未达到模型适配标准，假设模型与样本数据无法契合，但基于样本数较大时易形成拒绝虚无假设的结论，在整体模型适配度的判别上，可以参考其他适配度统计量。根据模型注解的结果输出提示及本章选取的功能和能力部分测度指标存在相关性的事实，将存在相关性的误差值间建立共变关系，对模型进行修正。修正后模型的卡方自由度比值为 1.632，小于 3，表示模型的适配度良好；绝对适配指标 GFI 为 0.969，大于 0.9，达到模型适配标准；基准线比较估计量 CFI、NFI、TLI 均大于 0.9，假设理论模型与观察数据整体适配度佳；渐进残差均方和平方根 RMSEA 为 0.041，说明模型适配度较好。总体看来，模型基本适配指标达到检验标准。

以极大似然法对混合模型进行参数估计，除不予估计的参照指标及 a9、b7、b8 的回归系数不显著外，其余回归加权值均显著。修正模型的标准化回归系数显示，变量间正、负作用关系基本与指标设定吻合，潜在变量"人的发展"的 R^2 值为 0.754，即观察变量"新型城镇化发展"对人的发展的解释力度可达 75.4%，新型城镇化发展对人的发展具有正向影响，其中，对功能的影响程度大于对能力的影响程度，如表 7-14 所示。

表 7-14　混合模型检验估计结果

变量	变量关系	变量	标准化回归系数	标准误	临界比值	显著性
PDI	<---	lnUQ	0.869	—	—	—
FA	<---	PDI	1.063	—	—	—
CB	<---	PDI	0.919	—	—	—
a1	<---	FA	0.761			
a2	<---	FA	−0.277	0.049	−4.979	***
a3	<---	FA	0.215	0.001	3.807	***
a4	<---	FA	0.334	0.002	−6.115	***
a5	<---	FA	−0.272	0.163	−4.867	***
a6	<---	FA	−0.532	0.364	−10.740	***
a7	<---	FA	0.960	0.328	46.169	***
a8	<---	FA	0.100	0.485	−1.739	**
a9	<---	FA	0.092	0.072	−1.589	不显著
a10	<---	FA	−0.489	0.141	9.607	***
b1	<---	CB	0.893	—	—	—
b2	<---	CB	0.468	0.761	8.849	***
b3	<---	CB	−0.567	0.035	−11.345	***

续表

变量	变量关系	变量	标准化回归系数	标准误	临界比值	显著性
b4	<---	CB	-0.368	1.092	6.688	***
b5	<---	CB	0.974	0.384	36.514	***
b6	<---	CB	0.965	0.289	34.979	***
b7	<---	CB	0.089	0.008	1.530	不显著
b8	<---	CB	0.059	0.462	1.017	不显著

注：*、**、***分别表示10%、5%、1%的显著性水平。

第四节　主要研究结论

后福利经济学将非经济因素也纳入对福利的衡量中，更加关注人们所享有的选择及未来的变化，即人的发展。新型城镇化发展是以人为核心的城镇化，本章基于阿玛蒂亚·森的可行能力理论，从"功能"和"能力"两个维度衡量人的发展，实证检验新型城镇化发展对人的发展的影响，结果显示，2008—2017年，我国新型城镇化发展促进了人的发展。

第一，基准回归的结果表明，新型城镇化发展质量的提升会促进人的发展，从10%到75%分位数，新型城镇化发展对人的发展的反映系数均显著且为正，各分位数上的系数表明，新型城镇化发展对低分位数的影响程度较大，对高分位数的影响程度较小，即新型城镇化发展更有利于提升处于较低得分区间的弱势群体的人的发展。在控制变量中，劳动力转移、产业结构合理化、产业结构高级化都对人的发展影响显著。具体来看，劳动力转移对人的发展呈现显著正向影响，并且其系数随分位数增大而降低，即劳动力转移对处于较低得分区间的人的发展提升力度更大；产业结构合理化在50%至90%分位点上显著且系数依次增高，即人的发展得分越高，产业结构合理化对其作用力越强；产业结构高级化在10%至50%分位点上显著，系数依次降低，即人的发展得分越高，产业结构高级化对其作用力越弱。

第二，各区域的分位数回归结果显示：东部地区新型城镇化发展对人的发展具有显著的正向影响，并且其回归系数高于全国整体的回归结果，即东部地区新型城镇化发展对人的发展的影响较高且比较稳定。东部地区劳动力转移对人的发展的影响不显著，产业结构合理化不利于人的发展，产业结构高级化会促进人的发展。东北地区由于样本量太少，分位点回归结果不显著，但在控制变量中，劳动力转移、产业结构合理化和产业结构高级化有利于人的发展。中部地区各分位点上，新型城镇化发展对人的发展均具有显著的正向影响，并且对处于两端分位数水平上的人的发展影响较大。中部地区劳动力转移、产业结构合理化和产业结构高级化对人的发展均呈现正向影响。西部地区除10%分位点外，新型城镇化发展对人的发展的影响不显著。西部地区劳动力转移和产业结构合理化会促进人的发展。

第三，将功能和能力视为潜在变量，采用CFA分析验证测量指标与潜在变量间的相关关系，结果表明，各变量正、负作用关系基本与指标设定吻合，功能指标中，教育、安全稳定、民主法治的解释程度较高；能力指标中，个人保障、住房、教育、安全稳定可以有效地反映能力的特质。采用混合模型路径检验新型城镇化发展对人的发展的影响，结果表明，新型城镇化发展对人的发展具有正向影响作用，其对功能的影响程度大于对能力的影响程度。

分位数回归和检验分析的结果都表明，新型城镇化发展正向作用于人的发展，新型城镇化发展质量的提升有利于促进人的发展，通过增进财富之外的福祉，促进功能自由和能力自由，进而促进人的发展，提升社会福利水平。

第八章　新型城镇化发展的多维福利：综合检验

福利是一种主观因素较强的概念，在实际测度中，客观测度方法往往无法准确、全面地反映其内涵。考虑到福利概念的主观性、复杂性，在多维递进新型城镇化福利函数的理论模型基础上，构建包含以多维福利为潜在变量的 SEM 模型，对新型城镇化发展的多维福利进行综合检验。

第一节　结构方程模型分析方法与变量选择

SEM 模型可以处理研究中存在潜在变量及多个因变量的复杂情形，对新型城镇化发展的多维福利进行综合检验。针对既存在不可直接观测的多维福利，又存在单个自变量影响多个因变量的复杂关系，传统计量方法无法同时解决上述研究难点，SEM 模型可以同时处理抽象概念和多变量的参数估计问题。

一、结构方程模型分析方法

结构方程模型也被称为潜在变量模型，是因素分析与路径分析两种统计方法的整合，可以对模型中的显性变量、潜在变量及误差变量间的关系同时进行检验，得出自变量对因变量影响的直接作用、间接作用及总作用。

1. 模型基本原理

结构方程模型通常由测量模型与结构模型构成，其中，测量模型是架构观测变量与潜在变量之间测量关系的模型；结构模型是架构潜在变量间结构关系的模型。用 η 表示模型中的内生潜在变量，ξ 为外源潜在变量，内生测量变量为 y，外源测量变量为 x，Λx 表示 x 被 ξ 解释的程度（即 x 的因素负荷量），Λy 为 y 的因素负荷量，δ 为 x 被 ξ 解释的误差项，ε 为 y 被 η 解释的误差项，ζ 为内生变量无法被完全解释的估计误差，则测量模型的一般线性方程形式为：

$$x = \Lambda x \xi + \delta \tag{8-1}$$

$$y = \Lambda y \eta + \varepsilon \tag{8-2}$$

测量模型可以借助观察变量的测量反映潜在变量的潜在特质，在结构方程模型中，若不使用结构模型，仅使用测量模型，则为验证性因素分析，用于检测因素结构及误差。

结构模型的一般线性方程形式为：

$$\eta = B\eta + \Gamma\xi + \zeta \tag{8-3}$$

结构模型通过界定潜在变量间的假设关系，形成对应的模型架构，若结构模型中仅存在测量变量，不包含潜在变量，则为传统路径分析模型。结构方程模型与传统回归分析的差别在于，可同时分析处理多个因变量，并对不同的理论模型进行比较评价。结构方程模型的分析过程和步骤一般包括模型设定、模型识别、模型估计、模型评价、模型修正和模型解释。具体而言，模型设定就是基于一定的理论假设，对相关变量关系进行界定，确定变量间的因果关系或具体分析路径；模型识别即确定模型的识别程度，要求模型的自由参数小于或等于观测数据的方差和协方差总数；模型估计，一般是用最大似然法或广义最小二乘法对模型进行参数估计；模型评价就是对模型的适配度进行分析，考察模型和样本数据的拟合程度，通常包括整体适配度检验、测量或结构模型适配度检验；若初始模型适配度检验未达到可接受程度，则有必要对模型进行修正；模型解释则是对模型检验结果进行解释说明。

2. 基本假设条件

与线性回归模型相比，结构方程模型具有众多优势，如验证性因素分析、对多个因变量的同时处理、对测量问题与分析问题的同时处理等。同时，结构方程模型的构建也基于以下假设条件：第一，合理的样本容量。一般情况下，结构方程模型适用于大样本分析，相关研究表明，样本量小于100 的 SEM 分析往往不可靠，样本量过小的模型通常无法收敛，从而影响参数估计。当样本容量大于 200 时，分析结果较为稳定，但若数据质量较差时，可能需要更大的样本量。第二，连续的正态内生变量。第三，模型可以识别，即非低度识别模型，否则无法估计模型参数。第四，数据完整或对不完整数据已进行合适的处理。结构方程模型的构建需要同时满足以上条件。

二、变量选择

本章对新型城镇化发展的多维福利进行综合检验，主要沿用前面章节中实证分析或测度过的相关变量，主要变量如下：

外源测量变量：新型城镇化发展质量 lnUQ，即本书第四章基于五大发展理念测度出的新型城镇化发展质量综合得分，并取自然对数。

内生潜在变量：多维福利 WEL，本书认为福利是多维度且较为主观的概念，新型城镇化的多维福利由国民福利、公平、可行能力三个维度共同决定，分别对应可观测变量人均收入水平、城乡收入差距、人的发展。

内生测量变量：经济增长 lnPGDP，用人均国内生产总值的自然对数表示，本书认为国民福利提升主要体现在收入水平，即人均国内生产总值的增长上，因此，用人均国内生产总值衡量国民福利的提升程度。城乡收入差距 GT，用泰尔指数来测度城乡收入差距。人的发展 lnPDI，基于阿玛蒂亚·森的可行能力分析方法，从功能与能力出发对人的发展进行测度，并取自然对数，变量描述性统计如表 8-1 所示。

表 8-1　变量描述性统计

变量	样本观测数	均值	标准差	最小值	最大值
lnUQ	300	3.012	0.801	1.531	5.135
lnPGDP	300	10.575	0.512	9.196	11.768

续表

变量	样本观测数	均值	标准差	最小值	最大值
GT	300	0.109	0.051	0.020	0.257
lnPDI	300	3.467	0.281	2.579	4.261

第二节　新型城镇化发展的多维福利综合检验

一、SEM 模型构建

1. 理论基础

SEM 模型属于一种验证性方法，一般要求有理论方法予以支持，在一定的理论基础和前提下，构架假设模型图，强调理论的合理性。本书在第三章机理分析中依据社会函数的一般形式，构建了新型城镇化的福利函数，即假设第 t 期福利 W(t) 由人均收入水平 PGDP(t)、城乡收入差距 GT(t)、人的发展 PDI(t) 共同决定，则新型城镇化的福利函数如下：

$$W(t) = W(PGDP(t), GT(t), PDI(t)) \tag{8-4}$$

在此福利函数的基础上，构建 SEM 模型，采用 Amos23 软件进行模型设定和计算。

2. 模型设定

外源测量变量新型城镇化发展质量 lnUQ 为多维福利的因变量，多维福利 WEL 为内生潜在变量，由经济增长 lnPGDP、城乡收入差距 GT 及人的发展 lnPDI 三个内生测量变量共同决定，e1、e2、e3、e4 分别为经济增长 lnPGDP、城乡收入差距 GT、人的发展 lnPDI 及多维福利 WEL 的误差项，构建新型城镇化发展的多维福利综合检验初始模型如图 8-1 所示。

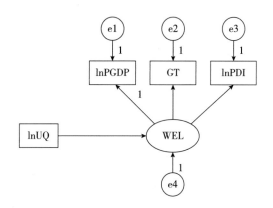

图 8-1　新型城镇化发展的多维福利综合检验模型

资料来源：由笔者绘制。

二、模型检验估计

对初始模型进行估计，估计结果显示，模型中共有 13 个参数，其中固定参数 5 个，待估计参数 3 个，待估计方差 5 个。模型注解显示，模型自由度为 2，适配度卡方值为 12.546，模型协方差矩阵如表 8-2 所示。

表 8-2　模型协方差矩阵

变量	新型城镇化发展质量	人的发展	城乡收入差距	经济增长
新型城镇化发展质量	0.640	—	—	—
人的发展	0.123	0.079	—	—
城乡收入差距	−0.029	−0.009	0.003	—
经济增长	0.321	0.108	−0.022	0.261

表 8-3 为模型的相关系数矩阵，可以看出，除城乡收入差距外，其余变量均呈现中度正相关，城乡收入差距与新型城镇化发展质量、人的发展为负相关关系。

表 8-3　模型相关系数矩阵

变量	新型城镇化发展质量	人的发展	城乡收入差距	经济增长
新型城镇化发展质量	1.000	—	—	—
人的发展	0.549	1.000	—	—
城乡收入差距	−0.712	−0.595	1.000	—
经济增长	0.785	0.752	−0.849	1.000

模型参数估计采用的最大似然法要求观测变量服从正态分布，根据表 8-4 对变量的分布情况进行判断。变量 lnUQ、GT 的偏度系数临界比值大于 1.96，变量 lnPDI、lnPGDP 的偏度系数临界比值小于 1.96，所有单变量的峰度系数临界比值的绝对值均小于 1.96。根据 Kilne（1998）的研究，如果变量的偏度系数值大于 3、峰度系数值大于 8，则表示数据为非正态分布。表 8-4 中多变量峰度系数检验未达 0.05 显著水平，可以认为模型基本服从正态分布，不存在异常值，模型数据完整，满足样本容量要求和结构方程模型构建的基本条件。

表 8-4　正态性检验与异常值评估

变量	最小值	最大值	偏度系数	偏度系数临界比值	峰度系数	峰度系数临界比值
lnUQ	1.531	5.135	0.510	3.604	−0.406	−1.434
lnPDI	2.579	4.261	0.057	0.401	−0.099	−0.351
GT	0.020	0.257	0.559	3.950	0.193	0.684
lnPGDP	9.196	11.768	0.006	0.040	−0.308	−1.090
Multivariate	—	—	—	—	1.739	1.873

模型非标准化的系数如图 8-2 所示。

模型标准化的系数如图 8-3 所示。

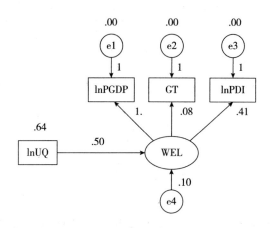

图8-2 新型城镇化发展的多维福利综合检验的非标准化估计值模型

资料来源：由笔者绘制。

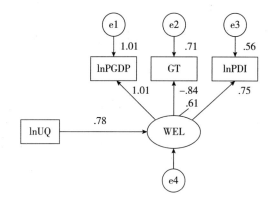

图8-3 新型城镇化发展的多维福利综合检验的标准化估计值模型

资料来源：由笔者绘制。

如图8-3所示，在标准化系数模型中，存在回归系数大于1的情况，内生潜在变量多维福利对内因观测变量经济增长的标准化回归系数值为1.01，模型估计的参数为不适当解，可能是由变量间的多元共线性导致，应结合表8-6模型适配度情况进行综合判断。模型的非标准化及标准化估计结果如表8-5所示。

表 8-5　新型城镇化发展的多维福利模型估计结果

变量	变量关系	变量	非标准化回归系数	标准化回归系数	标准误	临界比值	显著性
WEL	<---	lnUQ	0.501	0.779	0.023	21.812	***
lnPGDP	<---	WEL	1.000	1.005	—	—	—
GT	<---	WEL	-0.084	-0.844	0.003	-24.513	***
lnPDI	<---	WEL	0.410	0.750	0.022	18.532	***

注：*、**、*** 分别表示 10%、5%、1% 的显著性水平。

模型检验结果显示，模型自由度为 2，整体模型适配度卡方值为 12.546，显著性概率值为 0.002，达到 0.05 显著性水平，拒绝虚无假设。如表 8-6 所示，模型适配度指标中，卡方自由度比值为 6.273，大于 3，RMSEA 值为 0.133，其他指标符合适配度要求，但初始模型整体适配度不佳。再结合上文中标准化回归系数存在不可接受解，因此，有必要对模型进行修正。

表 8-6　模型适配度指标

变量	CMIN/DF	IFI	GFI	CFI	NFI	TLI	RMSEA
数值	6.273	0.989	0.979	0.989	0.987	0.966	0.133

三、模型修正

根据 Amos 软件提供的修正指标值，误差项 e1 与 e3 间存在共变关系，这一界定可以将卡方值降低 4.437，从理论上来看，经济增长到一定程度，才会推进人的发展，即基础物质资料的满足是人的功能和能力拓展的条件，两者可能存在共线性，因此，将存在相关性的误差值间建立共变关系，对模型进行修正。在初始模型的基础上，增加一条共变路径，修正后模型的标准化估计结果如图 8-4 所示。

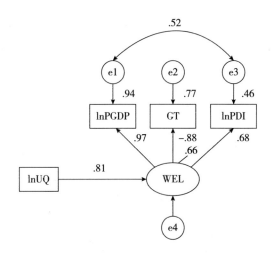

图 8-4　修正后的标准化估计值模型

资料来源：由笔者绘制。

修正后模型自由度为 1，整体模型适配度卡方值为 0，显著性概率值为 0.985，未达到 0.05 显著性水平，接受虚无假设，假设模型与数据可以契合。如表 8-7 所示，修正后的模型适配度指标中，RMSEA 值为 0，卡方自由度比值为 0，IFI、GFI、CFI、NFI 及 TLI 指标值均大于 0.9，修正后，各项适配度指标均达到对应的要求，模型拟合优度得以改进，假设理论模型与数据可以适配，模型整体适配度较好。本章所构建的新型城镇化发展的多维福利综合检验模型通过了数据检验，可以被接受。

表 8-7　修正后模型适配度指标

变量	CMIN/DF	IFI	GFI	CFI	NFI	TLI	RMSEA
数值	0.000	1.001	1.000	1.000	1.000	1.006	0.000

在模型整体适配度良好的基础上，对模型内在质量进行检验，从估计结果来看，模型中各变量因素负荷量均达到 1% 的显著性水平，误差项均显著，观测变量可以有效反映潜在变量。各变量的相关系数达到显著性水平，路径

的估计参数符号方向与假设期望影响一致，各参数估计值也达到了1%的显著性水平，模型内部结构的适配度佳。

四、综合检验结果分析

在对初始模型进行修正后，模型整体及内部结构适配度都得以优化，得出新型城镇化发展的多维福利综合检验的估计结果如表8-8所示。

表8-8　修正后模型估计结果

变量	变量关系	变量	非标准化回归系数	标准化回归系数	标准误	临界比值	显著性
WEL	<---	lnUQ	0.501	0.811	0.023	21.929	***
lnPGDP	<---	WEL	1.000	0.967	—	—	—
GT	<---	WEL	−0.091	−0.878	0.004	−23.215	***
lnPDI	<---	WEL	0.385	0.677	0.024	16.240	***

注：*、**、*** 分别表示10%、5%、1%的显著性水平。

模型估计结果显示，新型城镇化发展具有显著的多维福利，结合第三章的机理分析，对估计结果的具体分析如下：

总体来看，新型城镇化发展对潜在变量多维福利产生了正向影响，新型城镇化发展质量的提高会促进福利水平的提升。新型城镇化发展对多维福利影响的非标准化系数为0.501，标准化回归系数为0.811，并且回归系数在1%的水平上通过了显著性检验，R^2值为0.658，新型城镇化发展可以解释多维福利65.8%的变异，新型城镇化发展对福利的直接正向影响得以验证。模型结果还显示，新型城镇化发展对经济增长、城乡收入差距和人的发展的间接效应分别为0.785、−0.712、0.549，即新型城镇化发展会促进经济增长和人的发展，有利于缩小城乡收入差距。

内生潜在变量多维福利对内生观测变量经济增长影响参数在模型中被默认为参照系数1，因此非标准化结果显示系数为1，标准化参数估计值为

0.967，R²值为0.936，多维福利可以解释经济增长93.6%的变异。潜在变量多维福利对城乡收入差距的直接影响为−0.878，回归系数在1%的水平上通过了显著性检验，R²值为0.770，多维福利可以解释城乡收入差距77.0%的变异。多维福利对人的发展的直接影响为0.677，回归系数在1%的水平上通过了显著性检验，R²值为0.459，多维福利可以解释人的发展45.9%的变异。以上估计结果说明，新型城镇化发展具有正向显著的多维福利效应，通过促进经济增长、缩小城乡收入差距和提升人的发展，提高福利水平，模型修正后影响效应如表8-9所示。

表8-9　修正后的影响效应

变量	变量关系	变量	直接效应	间接效应	总效应
WEL	<---	lnUQ	0.811	—	0.811
lnPGDP	<---	lnUQ	—	0.785	0.785
GT	<---	lnUQ	—	−0.712	−0.712
lnPDI	<---	lnUQ	—	0.549	0.549
lnPGDP	<---	WEL	0.967	—	0.967
GT	<---	WEL	−0.878	—	−0.878
lnPDI	<---	WEL	0.677	—	0.677

　　在对初始模型进行修正后，模型整体适配度和内部结构的适配度都得以优化，结果显示，新型城镇化发展对多维福利具有显著的正向影响，新型城镇化发展质量的提高会促进多维福利的提升。同时，新型城镇化发展对经济增长和人的发展有显著正向影响，对城乡收入差距有显著负向影响，即新型城镇化发展会促进经济增长和人的发展，有利于缩小城乡收入差距。模型检验结果与第三章作用机制基本一致，也再次验证了第五章至第七章的实证部分的结论。

第九章　提升新型城镇化发展多维福利的对策建议

本章通过归纳整理本书综合测度、实证分析及综合检验的结果，剖析新型城镇化发展的多维福利因素，探寻多维福利视角下影响新型城镇化发展的关键所在，总结研究结论，并在此基础上提出对策建议，同时，提出下一步的研究展望。

第一节　主要研究结论

一、基本结论

2020 年是国家新型城镇化规划验收之年，以人为本的新型城镇化的根本目标与福利经济学的落脚点——人的发展及福祉的提升不谋而合。基于过去 10 年我国新型城镇化发展的客观事实，对新型城镇化发展质量进行综合测度，并展开实证分析和检验，探寻多维福利视角下新型城镇化发展问题，是本书的核心内容。在研究中，根据"提出问题—理论梳理—作用机制—质量测度—实证分析—综合检验—对策建议"的研究思路，系统、全面地对新型城镇化发展的多维福利进行深层次剖析。首先，以新发展理念为统领，对新型城镇化发展质量进行综合测度；其次，从福利分析层面展开实证研究，基于国民福利、公平、可行能力的研究视角，构建经济增长、城乡收入差距以及人的发展三个维度的分析框架，深入剖析福利视角下的新型城镇化发展，把握影响其多维福利提升的关键因素；最后，对新型城镇化的多维福利进行综合检验。

第一，我国新型城镇化发展质量稳步上升，但四大区域板块新型城镇化发展质量差异显著。研究新型城镇化发展的多维福利，首先要对我国新型城镇化发展质量进行测度。本书以新发展理念为基础，构建包含 42 项指标的新型城镇化发展质量测度指标体系，采用改进熵值法对我国 30 个省（自治区、直辖市）新型城镇化发展质量进行综合测度。研究发现，我国新型城镇化发展质量总体呈现稳步上升态势，四大区域板块新型城镇化发展质量呈现阶梯式不均衡分布状态，东部地区、中部地区、东北地区、西部地区新型城镇化发展质量依次递减。再者，四大板块新型城镇化发展潜力也不尽相同，东部地区新型城镇化发展趋于稳定；随着西部大开发、"一带一路"倡议的实施、推进，中西部地区新型城镇化发展颇具潜力；东北地区新型城镇化发展缓慢，并且发展前景不容乐观。

第二，新型城镇化发展对经济增长具有显著的促进作用，其发展质量的提升会促进国民福利的增加。依据古典福利经济学，国民福利的提升可以用经济增长来衡量。本书采用人均国内生产总值表示整个社会国民福利的变化，采用固定效应模型实证分析新型城镇化发展的经济增长效应，总体上来看，新型城镇化进程中资本投入的增加、劳动力转移对经济增长的驱动作用显著，但其通过创新驱动经济增长的作用并不明显，实证结果与作用机制分析基本吻合，新型城镇化发展对经济增长有显著的促进作用，有利于国民福利的提升。各区域的主效应模型均显示新型城镇化发展对区域经济增长有着显著的促进作用，其中，东部地区资本投入对经济增长的促进作用显著；中部地区劳动力转移不利于区域经济增长；西部地区资本投入对地区经济增长的促进作用显著，创新反作用于区域经济增长。

第三，新型城镇化发展显著缩小了城乡收入差距，促进了社会公平，有利于福利的提升。收入差距是反映社会公平程度的重要指标，城乡收入差距作为收入差距最主要的构成部分，其变化很大程度上受城镇化进程的影响。

同时采用静态回归和动态回归实证分析新型城镇化发展对城乡收入差距的影响，结果表明，新型城镇化发展有利于缩小城乡收入差距且作用显著，城乡收入差距的变化具有一定的持续性，当期城乡收入差距会受上期值的影响。其中，劳动力转移有利于缩小城乡收入差距；产业结构变化会扩大城乡收入差距；目前，政策倾向对城乡收入差距的影响程度还较小；教育投入和固定资产投资的增加都有利于缩小城乡收入差距。四大区域板块城乡收入差距的变化都具有一定的持续性，滞后一期的城乡收入差距对当期城乡收入差距影响显著，影响程度从强到弱依次为中部地区、东北地区、西部地区、东部地区。东部地区产业结构的高级化使区域城乡收入差距扩大，固定资产投资力度的加大有利于缩小区域城乡收入差距；东部地区、东北地区的劳动力转移均对城乡收入差距具有显著的缩小作用；中部地区经济发展水平的提高会扩大城乡收入差距；中西部地区新型城镇化发展对城乡收入差距的减小作用显著，并且教育投入的增加会显著降低区域城乡收入差距。将城乡收入比作为代理变量，再次检验新型城镇化发展对城乡收入差距的影响，稳定性检验的结果基本与 FEM 估计及差分 GMM 估计结果一致，新型城镇化发展具有缩小城乡收入差距的作用，新型城镇化发展质量的提升会促进经济公平的实现，提升社会福利水平。

第四，新型城镇化发展对人的发展具有显著的促进作用，尤其对弱势群体的人的发展的正向影响更大。以阿玛蒂亚·森的可行能力理论为分析框架，从"功能"和"能力"两个维度衡量人的发展，采用分位数回归法分析新型城镇化发展对人的发展的影响，结果显示，我国新型城镇化发展促进了人的发展，并且对高分位数的影响较小，对低分位数的影响程度较大，更有利于提升处于较低得分区间类型的人的发展。劳动力转移对人的发展呈现显著正向影响，并且对于人的发展处于较低得分的区间类型提升力度更大；人的发展得分越高，产业结构合理化对其作用力越强；人的发展得分越高，产业结构高级化对其作用力越弱。四大区域板块中，东部地区新型城镇化发展显著促进了人的发展，其影响程度较大且较为稳定，区域劳动力转移的影响不显著，产业结构高级化会促进东部地区人的发展，而产业结构合理化的影响则为负向。东北地区劳动力转移、产业结构合理化和产业结构高级化都会促进人的发展。中部地区新型城镇化发展促进了人的发展，并且劳动力转移、产业结构变化对中部地区人的发展均呈现正向影响。西部地区新型城镇化发展对人的发展的促进作用不明显，区域劳动力转移和产业结构合理化对人的发展具有正向作用。第七章又采用验证性因素分析和混合模型路径分析对实证研究进行检验，再次证实了新型城镇化发展对人的发展具有正向影响。新型城镇化发展可以通过基本公共服务的提升、生态环境的改善、教育投入的增加等，促进人的发展。尤其是发展层次处于较低得分区间的农业转移人口，其客观生活条件得以改善，潜在的机会更加多样化，乡城转移可以拓展其功能和能力自由，提升其福利水平。

第五，综合检验的结果表明，新型城镇化发展显著促进了多维福利的提升。构建 SEM 模型对新型城镇化发展的多维福利进行综合检验，修正后的模型显示，新型城镇化发展质量的提高会促进福利水平的提升。新型城镇化可以解释多维福利 65.8% 的变异，新型城镇化发展通过促进经济增长、缩小城乡收入差距和提升人的发展，提高福利水平。

总之，新型城镇化发展的多维福利既包括对国民福利总量的影响，也涵盖公平程度的变化和对人的发展的影响。以人为核心的新型城镇化的发展目标不仅是经济的发展，更是人的福祉的全面提升，对发展成果的共享，新型城镇化发展的多维福利主要体现在国民收入水平的提高、城乡收入均等化和人的可行能力的提升三个方面，新型城镇化发展质量的提高会促进福利的提升。

二、新型城镇化发展的多维福利促进作用

基于多维福利，新型城镇化发展的有利因素包括：第一，中西部地区新型城镇化发展潜力较大。尽管，我国新型城镇化发展质量分布不均衡，东部、中部、东北部、西部地区新型城镇化发展质量依次递减，但中西部地区新型城镇化发展的空间和潜力较高，随着西部大开发、"一带一路"倡议的实施和推进，相比发展质量已经趋于稳定的东部地区，中西部地区新型城镇

化发展质量将以较快的发展速度不断提升。第二，有利于促进经济增长，提升国民福利。新型城镇化进程中资本投入的增加、劳动力转移对经济增长的驱动作用显著。目前，我国总体上仍处于城镇化加速发展阶段，与传统城镇化阶段相比，尽管劳动力乡城转移的速度和绝对数量有所降低，但农业转移人口在城镇享有的保障程度不断提升，新型城镇化发展通过劳动力转移促进经济增长的作用仍会不断发挥；新型城镇化发展中加大对落后地区的资本投入，也将进一步促进经济增长。第三，有利于缩小城乡收入差距，促进社会公平，提升社会福利。实证结果显示，劳动力转移、教育、固定资产投资的增加都会缩小城乡收入差距，尤其是中西部地区教育投入的增加会显著降低区域城乡收入差距。第四，新型城镇化发展对弱势群体的人的发展具有显著促进作用。新型城镇化发展对处于较低得分区间的人的发展正向影响作用更大，弱势群体可行能力的提升对整体福利影响更大。

三、新型城镇化发展的多维福利制约因素

基于多维福利，新型城镇化发展的制约因素包括：第一，四大区域板块新型城镇化发展质量不均衡。由于各区域经济发展水平、地理环境、资源禀赋、历史条件等差异，我国城镇化发展的空间特质较为明显。其中，质量滞后型省（自治区）主要集中在东北地区和西部地区，东北地区面临产业转型升级的发展困境；西部地区市场力量难以在城镇化发展的基础设施建设上发挥作用，需要国家财政的大力投入支持。除此之外，四大区域板块间产业结构的较大差异也是区域城镇化发展不均衡的重要原因。第二，创新对经济增长的促进作用仍未显现。目前，新型城镇化发展通过创新驱动经济增长的作用并不明显，尤其是西部地区创新反作用于区域经济增长，可能是由于创新效应存在一定的时滞性，新技术向现实生产力转化的前期需要投入大量的成本，甚至可能会显现一定的负向作用，还需进一步发挥创新对经济增长的促进作用。第三，人力资本水平较低，就业结构与产业结构错配。本书实证结果显示，产业结构变化会扩大城乡收入差距，而教育投入的增加会显著降低

城乡收入差距。目前，我国产业结构与就业结构呈现一定程度的错配，第二产业对农业转移人口的吸纳能力不断降低，第三产业中高端人才和专业技术服务人才短缺。农业转移人口仍以低技能、低人力资本类型为主，无法与产业结构合理化和高级化相匹配。第四，政策、制度对农村的支持力度还不够。实证结果显示，政策倾向对城乡收入差距作用显著，但其系数值较小，说明长期以来我国城市倾向的政策倾斜还具有一定的惯性，目前对农村的政策扶持力度还不够。尽管，近年来农村在交通、通信、文化、教育、医疗等众多方面都有所改善，但前期欠账较多，与城镇基础设施相比，差距依旧较大。因此，我国城乡收入差距总体不断缩小，但城乡居民人均可支配收入的绝对差距仍然较大，农村基础设施落后，户籍制度、社会保障制度依然存在城乡壁垒。

第二节　提升新型城镇化发展多维福利的对策建议

一、坚持中国特色新型城镇化道路，推动区域均衡化发展

我国城镇化发展的空间特质较为明显，四大区域板块的地理环境、资源禀赋、历史条件等差异较大。自新型城镇化规划实施以来，我国新型城镇化发展质量总体上不断上升，但四大区域板块发展质量仍不均衡，应在坚持中国特色新型城镇化道路的基础上，积极转变目前新型城镇化发展质量的阶梯式不均衡分布状态，进一步推进城镇化高质量发展，尤其是促进区域均衡化发展。

第一，新型城镇化发展质量较高的东部地区创新能力较强，形成了合理化、多元化、异质化的结构布局，有处于发展前沿、具备创新能力的新兴产业支撑，应充分发挥带动作用。一方面，继续推动东部地区劳动密集型产业向中西部地区转移；另一方面，发挥东区地区的"领头羊"作用，在带动周

边城镇化发展的同时，将高新技术产业、新兴产业推广到其他区域。

第二，尤其要关注东北地区新型城镇化发展潜力普遍较低的情况，东北地区产业转型升级迫在眉睫，同质化的传统产业严重制约了东北地区的新型城镇化发展。《国家新型城镇化规划（2014—2020 年）》中明确提出了培育发展中西部地区城市群，对东北地区新型城镇化发展尚未明确提出具体方案，但从本书的测度结果来看，9 个"较高潜力型"省市均在中西部地区，这些地区已初步显现出其后发潜力，而辽宁省、黑龙江省和吉林省均属"较低潜力型"，其新型城镇化发展质量很可能被西部地区短期超越，成为四大板块中新型城镇化发展质量最低的区域。东北地区作为四大板块中新型城镇化发展潜力最低的区域，应主动突破结构瓶颈，避免同质化产业继续扩大，有针对性地积极推动创新发展，实现新旧动能转换和新型城镇化发展质量的进一步提升。

第三，新型城镇化发展质量较为滞后的一些中西部省（自治区、直辖市）要实现高质量的新型城镇化，就要增强部分城市的聚集能力，最终形成以一些城镇为中心的新增长极。中西部地区的城镇化问题是《国家新型城镇化规划（2014—2020 年）》提出的三个需要特别解决的问题之一，2014 年中央农村工作会议又提出了"三个 1 亿人"的问题：促进约 1 亿农业转移人口落户城镇，改造约 1 亿人居住的城镇棚户区和城中村，引导约 1 亿人在中西部地区就近城镇化。① 中西部地区新型城镇化发展的关键在于抓住"一带一路"倡议机遇，加强与沿线国家在对外经贸、基础设施、交通物流、产能合作等领域的合作，积极建立自由贸易试验区，尤其是部分省域作为"一带一路"的重要支点，可以发挥其区位优势，积极提升辐射能力和聚集能力，成为内陆对外开放的先行城市和新中心城市。同时，要积极培育中西部地区特大城市、大城市群，提升区域基础设施建设，发挥规模效应和聚集效应，辐射带动周边小城市和特色小镇的发展；加大对中西部地区的财政支持力度，尤其在教育和公共基础设施建设方面；充分激活区域市场活力，引入先

---

① 《中央农村工作会议在北京举行》，《农村经营管理》2014 年第 1 期。

进技术，加快科技创新向实际生产的转化，构建西部地区现代化产业体系，发展特色产业，实现有区域特色的发展模式。

总而言之，新型城镇化的本质是人的城镇化，坚持走以人为核心的新型城镇化道路，是共享改革开放红利、促进社会公平、保障和改善民生的本质要求。新型城镇化发展将提供更好的基础设施，更均等的公共服务、社会保障，更具包容性。从宏观整体上来看，要转变目前新型城镇化发展质量的阶梯式不均衡分布状态，应因地制宜，实行差异化的城镇化发展战略，配套不同的政策措施，推动区域均衡化发展，实现较为均衡的新型城镇化发展。

二、破除制度藩篱，提升新型城镇化发展的多维福利

新型城镇化的核心是人的城镇化，推动农业现代化和农村剩余劳动力向城镇转移，实现农业转移人口完全市民化是"人的城镇化"的关键。破除新型城镇化发展的制度藩篱，推动户籍、土地、社会保障制度改革，释放制度红利，有助于推动农村剩余劳动力进一步转移，推进农业现代化进程，从而促进经济增长、缩小城乡收入差距，实现农业转移人口的完全市民化，提升新型城镇化发展的多维福利。

第一，落实户籍制度改革，推动农业剩余人口进一步转移及完全市民化，提升福利水平。2014年公布的《国务院关于进一步推进户籍制度改革的意见》明确了户籍制度改革的最新政策，提出要统一城乡户籍登记制度，调整户籍迁移政策，推进城镇基本公共服务对常住人口的全面覆盖。[①] 户籍新政的推出，旨在推动农业转移人口落户城镇，实现完全市民化，与新型城镇化以人为核心的发展内涵一致。一方面，推动农业转移人口落户城镇，使农业剩余人口进一步转移，会促进经济增长和缩小城乡收入差距，提升福利水平；另一方面，城乡统一的户籍制度有利于剥离捆绑于户籍制度上的差别

①　中华人民共和国国务院：《国务院关于进一步推进户籍制度改革的意见》，《人民日报》2014年7月31日第8版。

化的城乡社会保障和公共福利，消除对农业转移人口的身份歧视，促进机会平等和社会公平。

第二，完善落实"三权分置"等土地制度改革，推动农业现代化进程，提高农村收入，促进社会公平。所有权、承包权、经营权分置并行的"三权分置"有利于土地自由流转，可以进一步促进农业规模化经营，提高农业生产效率，推动农业现代化进程。同时，完善农村宅基地管理制度，在保障宅基地用益物权的基础上，促进其高效利用，建立健全宅基地退出机制，让农业转移人口分享改革红利，无后顾之忧地落户城镇。通过土地制度改革，提升土地利用效率，保障农民权利，提高农民收入，从而缩小城乡收入差距，促进社会公平。

第三，推进平等化的社会保障制度，促进社会公平和人的发展。城乡双轨的社会保障制度是间接影响城乡收入差距的重要因素之一，不利于社会公平和人的发展。享有平等的社会保障是社会公平的体现，统筹城乡一体化的新型城镇化发展着重强调社会公平，解决"半城镇化"遗留的"半市民化"那部分转移人口的社会保障问题是城乡协调发展的基础，应继续完善和健全各项城乡保险制度，积极探索农村养老保险制度，进一步发挥社会保障在经济社会发展中的减震器功能。应为农业转移人口提供与城镇居民同等的教育、医疗、养老及失业保障，提升农业转移人口的功能和能力，促进人的发展。

三、发挥创新对经济增长的驱动作用，提升国民福利

本书实证研究结果显示，现阶段，新型城镇化发展中创新对经济增长的促进作用还不明显，可能是由于创新所显现的经济增长效应具有一定的时滞性，往往在初期并不明显。新技术的投入使用到推广需要较长的时间，并且由于新技术前期的投入会消耗大量的成本，创新甚至会显现一定的负向作用。所以，应积极推进科研成果转化为现实生产力，充分发挥创新对经济增长的促进作用，进一步提升国民福利。

第一，发挥创新对经济增长的驱动作用，关键在于提高创新能力和创新

成果的转化效率。要增强创新能力，推进科研成果转化为现实生产力，打破科研和实际生产的壁垒，注重科研成果的现实应用，推动产学研协同发展。

第二，构建以市场为主导的创新发展模式，创新效应的不明显还可能在于创新能力与实际产出分离而形成的断层，应促进科技创新与实际生产、产品市场融合发展。注重创新对产业的促进和推动作用，促进创新与产业联动发展，创新成果向实际生产销售的跳跃，创新才能与产业结构转型升级相匹配，发挥出真正的创新效应。

第三，要大力发展高新技术产业，对传统行业进行改造升级。一是充分发挥信息技术对其他产业的支撑，大力发展"互联网+"，以信息技术为核心的高新技术产业发展是创新的主要构成部分，利用高新技术产业对传统产业进行改造，尤其是互联网与三大产业的结合，将在极大程度上提升生产效率，推动经济增长。二是发展大数据技术，利用互联网、物联网、云端技术推动现代高端服务业发展，共享各类市场信息，革新企业管理方法。

新时代，我国经济发展进入高质量发展阶段，创新应成为经济增长的主要驱动力，增强企业创新能力，促进产学研联动发展，充分发挥创新对生产力的驱动作用，有利于国民福利的进一步提升。

四、加大对农村的扶持力度，促进城乡融合及社会公平

现阶段，我国农村发展依旧相对薄弱，新型城镇化规划与乡村振兴等国家重大战略的实施推进，是国家加大力度对农村予以支持的体现。构建城乡一体化发展的大格局，亟须加大对农村的扶持力度，这一点在本书的实证研究中也得到了证实，实证结果显示，当前政策倾向对城乡收入差距的影响虽然显著但回归系数较小，政策倾向对城乡收入差距的影响程度较低，说明目前对农村的政策扶持力度依旧不够。从政策层面来看，乡村振兴战略表明了国家打破城乡二元体制，实现共同富裕的决心。

在支农政策方面，我国目前对农业生产和农民生活的直接补贴还较低，相关政策效果并不明显，亟须完善农业补贴政策，调整惠农支农补贴方向及

结构，扩大支农补贴范围，提升支农政策的实际效果。再者，我国财政支农比例仍旧相对较低，与农业在我国经济发展中的基础性地位不相符，支农比重仍需提升，尤其要增加农民直接受惠的部分。此外，还要加大农业基础设施建设和农业技术扶持的力度，发展现代农业，从根本上提高农业全要素生产力，提升农民收入，进一步缩小城乡收入差距，促进公平。

在农村教育投入方面，我国农业转移人口的人力资本水平总体较低，无法与产业结构合理化和产业结构高级化相匹配，平均受教育年限远低于城市平均水平，拥有劳动技能的比例也较低，既缺乏丰富的教育经历又缺乏职业技能，与城镇劳动力相比，缺乏竞争力。现阶段，第二产业对农业转移人口的吸纳能力正在不断降低，第三产业中高端人才和专业技术服务人才短缺，农业转移人口主要就业流向仍集中于低人力资本要求的建筑业、低端服务业等，仅能满足传统产业和低端服务业的需求，无法与高端制造业、服务业相匹配，并且城乡人力资本水平的错位有拉大趋势，亟须推动教育资源向农村倾斜。应加大对农村基础教育、职业教育、专业技能培训的支持力度，积极促进农村地区教育水平的提升，实现城乡人力资本水平的均衡化发展。通过提升农业转移人口的人力资本水平，促进其就业能力、就业层次的提升，使其能在个人主观意愿的基础上选择生产生活或行为方式，扩展其自主选择权。

马克思、恩格斯认为"对立—融合"的城乡发展历程是生产力发展的必然结果，"人们只有在消除城乡对立后才能从他们以往历史所铸造的枷锁中完全解放出来"。城乡融合的协调发展模式是城乡关系发展的最高阶段，新时代新型城镇化与乡村振兴的"融合式"发展是新型城镇化高质量发展的内在要求。以城乡统筹发展为内涵的新型城镇化战略是新时代马克思恩格斯城乡关系理论中国化的成果，加大对农村的扶持力度，构建城乡一体化发展的大格局，有利于进一步促进城乡融合及社会公平。

五、推动城乡基本公共服务均等化，促进人的全面发展

以人为本的新型城镇化旨在缩小贫富差距，改变公共服务的失衡配置状

态，保障基础设施、义务教育、医疗卫生等方面的供给，提升人的功能和能力，改善民生，共享改革成果，促进人的发展。总体而言，新型城镇化发展在很大程度上改善了城乡基本公共服务，农业转移人口也在一定程度上享受了城镇便利的基础公共设施和公共服务。

公共服务的提升不是一蹴而就的，目前，农业转移人口在城镇入学难、就医难等问题还没有根本性、完全性解决，农村基础设施、公共服务质量依旧较低，还应进一步完善针对农业转移人口的保障制度，增加落后地区、农村地区的公共服务投入力度，通过再分配调节收入差距，提高福利水平。其一，推进城镇基本公共服务对农业转移人口的全面覆盖，构建以常住人口为依据的财政转移支付制度，将未实现落户城镇的那部分农业转移人口纳入城镇社会保障体系；其二，继续提升农村公共服务供给质量，积极探索农村补充商业保险，发挥社会资金在农村医疗、养老等方面的作用；其三，建立更为完善的流动人员登记管理制度，帮助其解决好在城镇的就业、教育、医疗等问题，同时，完善的信息采集也有利于社会治安管理，有利于促进社会安全稳定和公共安全；其四，由于人力资本水平普遍较低，很多农业转移人口对制度政策了解不够，信息掌握不充分，由于信息不畅导致其并未实际享受相关政策优惠，还需加强对其宣传引导。

总之，应建立公平共享的城乡基本公共服务体系，提供更为平等的社会机会及自由发展的权利，使农村居民、农业转移人口也能实现"学有所教，劳有所得，病有所医，老有所养，住有所居"的基本诉求，新型城镇化发展带来的不仅是经济增长，更是生活方式、公平程度、人的发展的提升。

第三节　研究展望

中国特色的新型城镇化道路，对当前经济社会发展有着重大意义，本书对新型城镇化发展的多维福利展开的理论和实证分析，只是学术探索道路上相关研究的冰山一角，囿于个人能力及研究视野的局限，本书的很多相关问题还需进一步深化和完善，尤其是以下方面有待拓展：

第一，研究中涉及主观因素，其指标维度还存在拓展的空间。本书较为全面地分析了新型城镇化发展的多维福利因素，但这些因素中既包括经济因素也包括较为主观的非经济因素，尤其是从功能和能力出发对人的发展的测度和衡量上，本书主要基于官方公开数据，但官方统计中，很多福利相关的指标数据并不完善且并未形成统一的调查形式。由于人力、物力和时间的限制，本书并未展开具有普适性和规模化的广泛调研，以后的研究中若能结合"功能""能力""人的发展"的内涵设计包含主观问题更加全面的调查问卷，进行实际调研，获得更具有针对性的数据，将会对本书予以一定的补充。

第二，分析新型城镇化发展对城乡收入差距的影响时，将二次分配纳入研究，作为补充完善。囿于研究视角，本书仅研究了新型城镇化发展对初次分配的影响，并未对新型城镇化进程中，国家干预调节的二次分配对福利的影响展开研究。二次分配对福利变化也会产生一定的影响，自《国家新型城镇化规划（2014—2020 年）》实施以来，我国再分配领域有何变化？对福利产生了哪些影响，可以对以上问题展开进一步探讨。

第三，本书构建新型城镇化的福利函数可以进一步拓展延伸。在本书中，新型城镇化的福利函数选取了国民收入、公平、可行能力三个关键性福利因素，并且函数中并未严格区分客观福利和主观福利。新型城镇化的福利函数具有一定的问题针对性和时效性，随着我国新型城镇化进程的发展，可进一步甄别新型城镇化发展中哪些因素增进了福利或降低了福利，在此基础上对新型城镇化的福利函数进行动态修正。

第四，本书的研究假设还有待进一步放宽。在文章机理分析中，数理分析的基础是将整个社会经济部门分为农业部门和非农部门，改革开放 40 多年来，我国经济社会发展迅速，产业部门不断完善，刘—费—拉模型中将整个社会分为农业部门和工业部门的假设适用性较弱，服务业和高端智能产业的发展使非农部门包含的产业部门更加复杂多元，进一步放宽理论假设，构建多部门模型，展开研究，是以后研究的一个方向。

　　第五，拓宽研究数据的时间范围。囿于《国家新型城镇化规划（2014—2020年）》提出和实施的时间背景及数据的可获取性和可用性，研究数据存在一定的局限性，仅选用2008—2017年的省际面板数据进行实证研究，时间范围较窄，在以后的研究中，可以进一步拓宽数据的时间范围。

参考文献

［德］阿尔弗雷德·韦伯：《工业区位论》，李刚剑等译，商务印书馆 2011 年版。

［印度］阿玛蒂亚·森：《以自由看待发展》，任赜译，中国人民大学出版社 2002 年版。

［美］阿瑟·奥肯：《平等与效率：重大抉择》，王奔洲等译，华夏出版社 1997 年版。

［英］阿尔弗雷德·马歇尔：《经济学原理》，廉运杰译，华夏出版社 2005 年版。

安虎森：《区域经济学通论》，经济科学出版社 2004 年版。

［德］奥古斯特·勒施：《经济空间秩序：经济财货与地理间的关系》，王守礼译，商务印书馆 2011 年版。

［美］保罗·克鲁格曼：《发展、地理学与经济理论》，蔡荣译，北京大学出版社 2000 年版。

［英］庇古：《福利经济学》，朱泱等译，商务印书馆 2006 年版。

陈斌开、林毅夫：《重工业优先发展战略、城市化和城乡工资差距》，《南开经济研究》2010 年第 1 期。

陈珂、徐丹萍、杨胜刚：《基于风险选择与投资收益的外汇储备币种结构研究》，《财经理论与实践》2015 年第 4 期。

陈明星、叶超、陆大道、隋昱文、郭莎莎：《中国特色新型城镇化理论内涵的认知与建构》，《地理学报》2019 年第 4 期。

陈强：《高级计量经济学及 Stata 应用》，高等教育出版社 2014 年版。

陈燕妮：《马克思恩格斯城乡融合思想与我国城乡一体化发展研究》，中国社会科学出版社 2017 年版。

陈阳、逯进：《城市化、人口迁移与社会福利耦合系统的自组织演化》，《现代财经（天津财经大学学报）》2018 年第 1 期。

陈银娥：《西方福利经济理论的发展演变》，《华中师范大学学报（人文社会科学版）》2000 年第 4 期。

陈钊、陆铭：《从分割到融合：城乡经济增长与社会和谐的政治经济学》，《经济研究》2008 年第 1 期。

程必定：《中国区域布局战略升级背景下的淮河流域发展》，《区域经济评论》2015 年第 6 期。

程开明：《城市化与经济增长的互动机制及理论模型述评》，《经济评论》2007 年第 4 期。

程开明、李金昌：《城市偏向、城市化与城乡收入差距的作用机制及动态分析》，《数量经济技术经济研究》2007 年第 7 期。

丛海彬、段巍、吴福象：《新型城镇化中的产城融合及其福利效应》，《中国工业经济》2017 年第 11 期。

［美］戴维·罗默：《高级宏观经济学（第四版）》，吴化斌等译，上海财经大学出版社 2014 年版。

邓金钱：《政府主导、人口流动与城乡收入差距》，《中国人口·资源与环境》2017 年第 2 期。

邓韬、张明斗：《新型城镇化的可持续发展及调控策略研究》，《宏观经济研究》2016 年第 2 期。

邓智平：《统筹城乡发展的理论视角与核心理念》，《重庆社会科学》2011 年第 2 期。

丁庆燊、孙佳星：《中国城市化对城乡收入差距的空间效应》，《东北财经大学学报》2019 年第 3 期。

董晓峰、杨春志、刘星光：《中国新型城镇化理论探讨》，《城市发展研究》2017 年第 1 期。

范建双、虞晓芬、周琳：《城镇化、城乡差距与中国经济的包容性增长》，《数量经济技术经济研究》2018 年第 4 期。

范兆媛、周少甫：《新型城镇化对经济增长影响的研究——基于空间动态误差面板模型》，《数理统计与管理》2018 年第 1 期。

方创琳、王德利：《中国城市化发展质量的综合测度与提升路径》，《地理研究》2011 年第 11 期。

方福前、吕文慧：《中国城镇居民福利水平影响因素分析——基于阿马蒂亚·森的能力方法和结构方程模型》，《管理世界》2009 年第 4 期。

冯梦黎、王军：《城镇化对城乡收入差距的影响》，《城市问题》2018 年第 1 期。

干春晖、郑若谷、余典范：《中国产业结构变迁对经济增长和波动的影响》，《经济研究》2011 年第 5 期。

高保中：《收入分配与经济增长稳态转换》，社会科学文献出版社 2014 年版。

高宏伟、李阳、王金桃：《新型城镇化发展的三维逻辑研究：政府、市场与社会》，《经济问题》2018 年第 3 期。

辜胜阻：《非农化及城镇化理论与实践》，武汉大学出版社 1991 年版。

国务院发展研究中心和世界银行联合课题组：《中国：推进高效、包容、可持续的城镇化》，《管理世界》2014 年第 4 期。

韩博、许海霞、汪涵：《人的发展视阈下城镇化与经济增长互动关系研究——基于省级面板数据的实证分析》，《改革与战略》2015 年第 1 期。

韩文龙、谢璐：《马克思经济学收入分配理论的核心范畴及启示》，《经济纵横》2018 年第 5 期。

郝寿义、安虎森：《区域经济学》，经济科学出版社 2004 年版。

何炼成、李忠民：《发展经济学：中国经验》，高等教育出版社 2011 年版。

何自力、张俊山、刘凤义：《高级政治经济学——马克思经济学的发展与创新探索》，经济管理出版社 2010 年版。

胡晶晶、黄浩：《二元经济结构、政府政策与城乡居民收入差距——基于中国东、中、西部地区省级面板数据的经验分析》，《财贸经济》2013 年第

4 期。

黄刚：《中国特色社会主义视域中的公平与效率范畴研究》，《探索》2011 年第 5 期。

黄婷：《论城镇化是否一定能够促进经济增长——基于 19 国面板 VAR 模型的实证分析》，《上海经济研究》2014 年第 2 期。

黄有光：《福祉经济学》，东北财经大学出版社 2005 年版。

黄有光：《社会福祉与经济政策》，北京大学出版社 2005 年版。

季曦、刘民权：《以人类发展的视角看城市化的必然性》，《南京大学学报（哲学·人文科学·社会科学版）》2010 年第 4 期。

简新华、黄锟：《中国城镇化水平和速度的实证分析与前景预测》，《经济研究》2010 年第 3 期。

蒋南平、王向南、朱琛：《中国城镇化与城乡居民消费的启动——基于地级城市分城乡的数据》，《当代经济研究》2011 年第 3 期。

焦秀琦：《世界城市化发展的 S 型曲线》，《城市规划》1987 年第 2 期。

靳卫东：《"公平与效率之争"的根源、分歧和总结》，《当代财经》2008 年第 12 期。

孔令刚、蒋晓岚：《基于新型城镇化视角的城市空间"精明增长"》，《中州学刊》2013 年第 7 期。

孔祥利、赵娜：《农业转型：引入土地制度变迁的生产函数重建》，《厦门大学学报（哲学社会科学版）》2018 年第 5 期。

雷根强、蔡翔：《初次分配扭曲、财政支出城市偏向与城乡收入差距——来自中国省级面板数据的经验证据》，《数量经济技术经济研究》2012 年第 3 期。

刘灿：《马克思关于收入分配的公平正义思想与中国特色社会主义实践探索》，《当代经济研究》2018 年第 2 期。

刘雪梅：《新型城镇化进程中农村劳动力转移就业政策研究》，《宏观经济研究》2014 年第 2 期。

刘再兴：《区域经济理论与方法》，中国物价出版社 1996 年版。

陆铭、陈钊：《城市化、城市倾向的经济政策与城乡收入差距》，《经济研究》2004年第6期。

罗润东、滕宽、李超：《2018年中国经济学研究热点分析》，《经济学动态》2019年第4期。

罗知、万广华、张勋、李敬：《兼顾效率与公平的城镇化：理论模型与中国实证》，《经济研究》2018年第7期。

马洪、孙尚清：《经济与管理大辞典》，中国社会科学出版社1985年版。

马克思、恩格斯：《马克思恩格斯全集（第46卷）》，中共中央马克思恩格斯列宁斯大林著作编译局译，人民出版社1995年版。

马克思、恩格斯：《马克思恩格斯全集（第2卷）》，中共中央马克思恩格斯列宁斯大林著作编译局译，人民出版社1995年版。

马克思、恩格斯：《马克思恩格斯全集（第25卷）》，中共中央马克思恩格斯列宁斯大林著作编译局译，人民出版社1974年版。

马克思、恩格斯：《马克思恩格斯文集（第2卷）》，中共中央马克思恩格斯列宁斯大林著作编译局译，人民出版社2009年版。

马克思、恩格斯：《马克思恩格斯选集（第3卷）》，中共中央马克思恩格斯列宁斯大林著作编译局译，人民出版社1995年版。

马克思、恩格斯：《马克思恩格斯选集（第4卷）》，中共中央马克思恩格斯列宁斯大林著作编译局译，人民出版社1995年版。

马克思、恩格斯：《马克思恩格斯选集（第1卷）》，中共中央马克思恩格斯列宁斯大林著作编译局译，人民出版社1995年版。

孟延春、谷浩：《中国四大板块区域城镇化路径分析：以县（市）行政区划调整为例》，《城市发展研究》2017年第10期。

宁越敏、杨传开：《新型城镇化背景下城市外来人口的社会融合》，《地理研究》2019年第1期。

欧阳葵、王国成：《社会福利函数的存在性与唯一性——兼论其在收入分配中的应用》，《数量经济技术经济研究》2013年第2期。

齐红倩、席旭文、高群媛：《中国城镇化发展水平测度及其经济增长效应的时变特征》,《经济学家》2015 年第 11 期。

石淑华、吕阳:《中国特色城镇化:学术内涵、实践探索和理论认识》,《江苏社会科学》2015 年第 4 期。

孙久文、叶裕民:《区域经济学教程》,中国人民大学出版社 2003 年版。

孙祁祥、王向楠、韩文龙:《城镇化对经济增长作用的再审视——基于经济学文献的分析》,《经济学动态》2013 年第 11 期。

孙威、林晓娜、张平宇:《"四大板块"战略实施效果评估与"十三五"规划建议》,《中国科学院院刊》2016 年第 1 期。

孙叶飞、夏青、周敏:《新型城镇化发展与产业结构变迁的经济增长效应》,《数量经济技术经济研究》2016 年第 11 期。

孙月平、刘俊、谭军:《应用福利经济学》,经济管理出版社 2004 年版。

谭清美、王子龙:《区域创新经济研究》,科学出版社 2009 年版。

[日] 藤田昌久、[美] 保罗·克鲁格曼、[美] 安东妮·J. 维纳布尔斯:《空间经济学:城市、区域与国际贸易》,梁琦译,中国人民大学出版社 2011 年版。

汪小勤、吴士炜:《中国城市的社会福利状况及其影响因素——以 289 个地级市为例》,《城市问题》2016 年第 9 期。

汪毅霖:《基于能力方法的福利经济学:一个超越功利主义的研究纲领》,经济管理出版社 2013 年版。

王宾、杨琛、李群:《基于熵权扰动属性模型的新型城镇化质量研究》,《系统工程理论与实践》2017 年第 12 期。

王朝明、王彦西:《马克思收入分配理论基础探究——基于〈资本论〉的逻辑视角》,《经济学家》2017 年第 10 期。

王广深、王金秀:《论公平、效率与收入差距三位一体的辩证关系》,《经济问题探索》2007 年第 9 期。

王佳宁、罗重谱:《新时代中国区域协调发展战略论纲》,《改革》2017 年第 12 期。

王敏、曹润林:《城镇化对我国城乡居民财产性收入差距影响的实证研究》,

《宏观经济研究》2015年第3期。

王平、王琴梅：《新型城镇化的经济增长效应及其传导路径》，《新疆大学学报（哲学·人文社会科学版）》2015年第6期。

王婷、缪小林、赵一心：《中国城镇化：数量是否推动质量?》，《宏观质量研究》2018年第1期。

王婷：《中国城镇化对经济增长的影响及其时空分化》，《人口研究》2013年第5期。

王新燕、赵洋：《中国城镇化进程中人的发展问题研究》，《云梦学刊》2017年第1期。

王新越、秦素贞、吴宁宁：《新型城镇化的内涵、测度及其区域差异研究》，《地域研究与开发》2014年第4期。

魏后凯、王业强、苏红键、郭叶波：《中国城镇化质量综合评价报告》，《经济研究参考》2013年第31期。

魏后凯：《现代区域经济学》，经济管理出版社2006年版。

[德] 沃尔特·克里斯塔勒：《德国南部中心地原理》，常正文等译，商务印书馆2011年版。

吴明隆：《结构方程模型——AMOS操作与应用》，重庆大学出版社2009年版。

吴士炜、汪小勤：《基于Sen可行能力理论测度中国社会福利指数》，《中国人口·资源与环境》2016年第8期。

吴士炜、汪小勤：《中国土地财政的社会福利效应——基于森（Sen）的可行能力理论》，《经济理论与经济管理》2016年第4期。

吴友仁：《关于我国社会主义城市化问题》，《城市规划》1979年第5期。

[美] 西蒙·库兹涅茨：《各国的经济增长》，常勋译，商务印书馆1985年版。

向书坚、许芳：《中国的城镇化和城乡收入差距》，《统计研究》2016年第4期。

熊湘辉、徐璋勇：《中国新型城镇化水平及动力因素测度研究》，《数量经济技术经济研究》2018 年第 2 期。

［英］亚当·斯密：《道德情操论》，余涌译，中国社会科学出版社 2003 年版。

［英］亚当·斯密：《国富论》，唐日松译，华夏出版社 2005 年版。

［英］亚当·斯密：《国民财富的性质和原因的研究：下卷》，郭大力、王亚南译，商务印书馆 2005 年版。

杨爱婷、宋德勇：《中国社会福利水平的测度及对低福利增长的分析——基于功能与能力的视角》，《数量经济技术经济研究》2012 年第 11 期。

杨钧：《新型城镇化发展的时空差异及协调度分析》，《财经科学》2015 年第 12 期。

杨森平、唐芬芬、吴栩：《我国城乡收入差距与城镇化率的倒 U 关系研究》，《管理评论》2015 年第 11 期。

叶静怡、王琼：《进城务工人员福利水平的一个评价——基于 Sen 的可行能力理论》，《经济学（季刊）》2014 年第 4 期。

叶晓东、杜金岷：《新型城镇化与经济增长——基于技术进步角度的分析》，《科技管理研究》2015 年第 5 期。

叶裕民：《中国城市化质量研究》，《中国软科学》2001 年第 7 期。

余江、叶林：《中国新型城镇化发展水平的综合评价：构建、测度与比较》，《武汉大学学报（哲学社会科学版）》2018 年第 2 期。

苑林娅：《中国收入差距不平等状况的泰尔指数分析》，《云南财经大学学报》2008 年第 1 期。

［德］约翰·冯·杜能：《孤立国同农业和国民经济的关系》，吴衡康译，商务印书馆 2011 年版。

岳雪莲、刘冬媛：《新型城镇化与经济增长质量的协调性研究——基于桂、黔、滇三省（区）2009—2015 年的数据》，《广西社会科学》2017 年第 5 期。

张可云：《区域经济政策》，商务印书馆 2005 年版。

张莅黎、赵果庆、吴雪萍：《中国城镇化的经济增长与收敛双重效应——基

于 2000 年与 2010 年中国 1968 个县份空间数据检验》，《中国软科学》
2019 年第 1 期。

张笑扬：《中国特色新型城镇化的实践逻辑与内涵旨趣——习近平新发展理
念的哲学视角分析》，《青海师范大学学报（哲学社会科学版）》2017 年
第 5 期。

张许颖、黄匡时：《以人为核心的新型城镇化的基本内涵、主要指标和政策
框架》，《中国人口·资源与环境》2014 年第 3 期。

张义博、刘文忻：《人口流动、财政支出结构与城乡收入差距》，《中国农村
经济》2012 年第 1 期。

赵黎明、焦珊珊：《我国城镇化质量指标体系构建与测度》，《统计与决策》
2015 年第 22 期。

赵娜、孔祥利：《产能过剩：理论解析和政策选择》，《上海经济研究》2017
年第 5 期。

赵永平、徐盈之：《新型城镇化的经济增长效应：时空分异与传导路径分
析》，《商业经济与管理》2014 年第 8 期。

赵永平、徐盈之：《新型城镇化发展水平综合测度与驱动机制研究——基于
我国省际 2000—2011 年的经验分析》，《中国地质大学学报（社会科学
版）》2014 年第 1 期。

赵志君：《收入分配与社会福利函数》，《数量经济技术经济研究》2011 年第
9 期。

赵忠璇：《论公平、效率与收入分配》，《四川大学学报（哲学社会科学
版）》2009 年第 1 期。

郑明亮、张德升：《新型城镇化与城乡收入差距仿真研究——效率与公平的
视角》，《东岳论丛》2015 年第 10 期。

郑鑫：《城镇化对中国经济增长的贡献及其实现途径》，《中国农村经济》
2014 年第 6 期。

周小亮：《新常态下中国经济增长动力转换：理论回溯与框架设计》，《学术
月刊》2015 年第 9 期。

朱林兴、孙林桥:《论中国农村城市化》,同济大学出版社 1996 年版。

卓玛草:《新时代乡村振兴与新型城镇化融合发展的理论依据与实现路径》,
《经济学家》2019 年第 1 期。

A. C. Pigou, *Memorials of Alfred Marshall*, London: Macmillan, 1925.

A. C. Pigou, *The Economics of Welfare*, London: The Macmillan Company, 1932.

Amartya Sen, *Capability and Well-being*, in the Quality of Life, Oxford:
Clarendon Press, 1993.

Amartya Sen, *Development as Freedom*, Oxford: Oxford University Press, 1999.

Amartya Sen, *On Economic Inequality*, Oxford: Clarendon Press, 1973.

Anand, S., and Kanbur, S. M. R., "The Kuznets Process and the Inequality—
Development Relationship", *Journal of Development Economics*, Vol. 40,
No. 1, 1993, pp. 25-52.

Bruckner, M., "Economic Growth, Size of the Agricultural Sector, and Urbanization
in Africa", *Journal of Urban Economics*, Vol. 71, No. 1, 2012, pp. 26-36.

Cloke, P. J., "An Index of Rurality for England and Wales", *Regional Studies*,
Vol. 11, No. 1, 1977, pp. 31-46.

Easterlin, R., "Will Raising the Incomes of All Increase the Happiness of All?",
Journal of Economic Behaviour and Organization, Vol. 27, No. 1, 1995,
pp. 35-47.

Fox, S., "The Political Economy of Slums: Theory and Evidence from Sub-Saha-
ran Africa", *World Development*, Vol. 54, No. 54, 2014, pp. 191-203.

García-Peñalosa, C., Turnovsky, S. J., "Growth, Income Inequality, and Fiscal
Policy: What Are the Relevant Trade-offs?", *Working Papers*, Vol. 39, No.
2, 2007, pp. 369-394.

Gunatilaka, J. K. R., "The Rural-Urban Divide in China: Income but Not Hap-
piness?", *Journal of Development Studies*, Vol. 46, No. 3, 2010, pp.
506-534.

Harris, J. R., and Todaro, M. P., "Migration, Unemployment and Development:

A Two-Sector Analysis", *American Economic Review*, Vol. 60, No. 1, 1970, pp. 126-142.

Harvey, D., *The Urbanization of Capital*, Oxford: Basil Blackwell Ltd. , 1985.

Henderson, J. V., "Marshall's Scale Economies", *Journal of Urban Economics*, Vol. 53, No. 1, 2003, pp. 1-28.

Henderson, J. V., "The Size and Types of Cities", *America Economic Review*, Vol. 64, No. 4, 1974, pp. 640-656.

Henderson, V., "The Urbanization Process and Economic Growth: The So-What Question", *Journal of Economic Growth*, Vol. 8, No. 1, 2003, pp. 47-71.

Immanuel Wallerstein, "The Rise and Future Demise of the World Capitalist System: Concepts for Comparative Analysis", *Comparative Studies in Society and History*, Vol. 16, No. 4, 1974, pp. 387-415.

Jorgenson, D. W., "The Development of a Dual Economy", *Economic Journal*, Vol. 71, No. 282, 1961, pp. 309-334.

José Manuel Roche., "Monitoring Inequality among Social Groups: A Methodology Combining Fuzzy Set Theory and Principal Component Analysis1", *Journal of Human Development*, Vol. 9, No. 3, 2008, pp. 483-499.

Knight, J., and Gunatilaka R., "Great expectations? The Subjective Well-being of Rural-urban Migrants in China", *World Development*, Vol. 38, No. 1, 2010, pp. 113-124.

Krugman, P., "Increasing Returns and Economic Geography", *Journal of Political Economy*, Vol. 99, No. 3, 1991, pp. 483-499.

Lewis, W. A., "Economic Development with Unlimited Supplies of Labor", *The Manchester School of Economic and Social Studies*, Vol. 22, No. 2, 1954, pp. 139-191.

Martinetti, E. C., "A Multidimensional Assessment of Well-being Based on Sen's Functioning Approach", *Rivista Internazionale Di Scienze Sociali*, Vol. 108, No. 2, 2000, pp. 207-239.

Mehta, A., and Hasan, R., "The Effects of Trade and Services Liberalization on Wage Inequality in India", *Value Engineering*, Vol. 23, No. 3, 2012, pp. 75-90.

Moustaki, I., Jöreskog, K. G., and Mavridis, D., "Factor Models for Ordinal Variables with Covariance Effects on the Manifest and Latent Variables: A Comparison of LISREL and IRT Approaches", *Structural Equation Modeling*, Vol. 11, No. 4, 2004, pp. 487-513.

Naughton, B., *The Chinese Economy: Transitions and Growth*, Massachusetts: MIT Press, 2007.

Nguyen, H. M., and Le, D. N., "The Relationship between Urbanization and E-conomic Growth: An Empirical Study on ASEAN Countries", *International Journal of Social Economics*, Vol. 45, No. 2, 2018, pp. 316-339.

Northam, R. M., *Urban Geography*, New York: John Wiley & Sons, 1975.

Poelhekke, S., "Urban Growth and Uninsured Rural Risk: Booming Towns in Bust Times", *Journal of Development Economics*, Vol. 96, No. 2, 2011, pp. 461-475.

Ranis, G., and Fei, J. C. H., "A Theory of Economic Development", *American Economic Review*, Vol. 51, No. 4, 1961, pp. 90-114.

Robert E. Lucas, Jr., "Life Earnings and Rural-Urban Migration", *Journal of Political Economy*, Vol. 112, No. 1, 2004, pp. 29-60.

Robert E. Lucas, Jr., "On the Mechanics of Economic Development", *Journal of Monetary Economics*, Vol. 22, No. 1, 1988, pp. 3-42.

Robinson, S., "A Note on the U Hypothesis Relating Income Inequality and Eco-nomic Development", *American Economic Review*, Vol. 66, No. 3, 1976, pp. 437-440.

Scott, A. J., "Regional Motors of the Global Economy", Future, Vol. 28, No. 5, 1996, pp. 391-412.

Shabu, T., "The Relationship between Urbanization and Economic Development in Developing Countries", *International Journal of Economic Development Research & Investment*, No. 1, 2010, pp. 30-36.

Song, H., Thisse, J. F., and Zhu X., "Urbanization and/or Rural Industrialization in China", *Regional Science & Urban Economics*, Vol. 42, No. 1, 2012, pp. 126-134.

Syrquin, M., and Chenery, H., "Three Decades of Industrialization", *World Bank Economic Review*, Vol. 3, No. 2, 1989, pp. 145-181.

Todaro, M. P., "A Model of Labor Migration and Urban Unemployment in Less Developed Countries", *American Economic Review*, Vol. 59, No. 1, 1969, pp. 138-148.

Tripathi, S., "An overview of India's Urbanization, Urban Economic Growth and Urban Equity", MPRA Paper, Vol. 44, No. 2, 2013.

索 引

后 记

中国是世界上最大的发展中国家，工业化是中国经济发展的必由之路，而工业发展既需要人口相对聚集的劳动力市场，又需要空间集中的工业产品销售市场，人口向城镇集中的城镇化进程与工业化发展相伴相生。改革开放以来，我国的城镇化进程快速推进，发展模式不断完善，与数量型增长的传统城镇化进程不同，新型城镇化更强调"以人为本"的质量发展。正是基于新型城镇化"以人为本"的内涵，三年多来，笔者将新型城镇化发展的多维福利作为研究主题，取得了一系列研究成果，并汇集成本书。行文至此，感慨良多，中国经济进入高质量发展阶段，新型城镇化发展也即将在两个百年历史交汇点上迈入更高起点、更深层次、更高目标的新发展阶段。

道阻且长，然行则将至。完成本书的过程中，不乏各种困难，在众多学者丰富的研究文献和师长的点拨指导下，研究任务基本完成。即将付梓出版之际，首先，要感谢的是恩师孔祥利教授，先生厚德博学，励志笃行，每每遇到难点阻点，老师的点拨总能于狭路示吾通途，令人茅塞顿开。更要感谢老师在相关研究成果产出过程中，对文章提出宝贵修改意见，数度悉心修改，增删补苴，微至措辞字句。

特别感谢在陕西师范大学博士后流动站研究工作中，我的合作导师任晓伟教授的悉心指导。任老师身正令行、治学严谨，在系统思维架构、基金申请、研究完善等方面给予莫大帮助，使我研究能力日益精进。同时，陕西师范大学王琴梅教授、雷宏振教授、周晓唯教授、睢党臣教授、郭剑雄教授、姚宇副教授，西北大学张正军教授，西安交通大学李成教授对书稿提出了中肯的修改意见，为本书的完善指明了方向。充分吸收各位专家意见修改扩充后，本书稿才得以成形。

后　记

感谢中国博士后科学基金项目、陕西师范大学马克思主义学院、陕西师范大学马克思主义理论博士后流动站为本书提供了经费资助和研究平台；衷心感谢陕西师范大学刘力波、屈桃、张琳、张帆、吴朝、李后东、张兵、康楠等老师对研究工作给予的大力支持；累受阎树群、陈答才、康中乾、范建刚、张亚泽、杨平、张小军等众师长发蒙启蔽、裨补愚钝，谨致谢忱；还要向那些未曾谋面的城镇化问题研究方面的国内外专家同仁道一声感谢，本书中引用、参考和借鉴了诸多专家学者的研究成果。正是前辈丰硕的成果和文献资料给本研究提供了坚实的基础和有益的帮助，使本研究得以启迪、得以拓展。为此，对给本书提供帮助和文献参考的专家学者表示由衷的敬意和真诚的感谢。

真挚感谢经济管理出版社的编辑老师们。他们以深厚的经济学专业素养和敏锐的编辑视角，对本选题给予了认同，并进行了积极的选题推介，在编辑出版过程中，付出了大量的心智与辛劳。在此，道一声：编辑老师辛苦了，谢谢！

陕西师范大学　赵　娜
2021 年 2 月于陕西师范大学文澜楼